NEUKIRCHENER

Peter Weimar

Die doppelte Thamar

Thomas Manns Novelle als Kommentar der Thamarerzählung des Genesisbuches

Neukirchener

Biblisch-Theologische Studien 99

Herausgegeben von
Jörg Frey, Friedhelm Hartenstein, Bernd Janowski,
Matthias Konradt und Werner H. Schmidt

Umschlaggestaltung: Hartmut Namislow
Druckvorlage: Peter Weimar
Gesamtherstellung: Hubert & Co., Göttingen
Printed in Germany
ISBN 978-3-7887-2334-7
ISSN 0930-4800

Bibliographische Information der Deutschen Nationalbibliothek

Die Deutsche Nationalbibliothek verzeichnet diese Publikation in der Deutschen Nationalbibliographie; detaillierte bibliographische Daten sind im Internet über http://dnb.d-nb.de abrufbar.

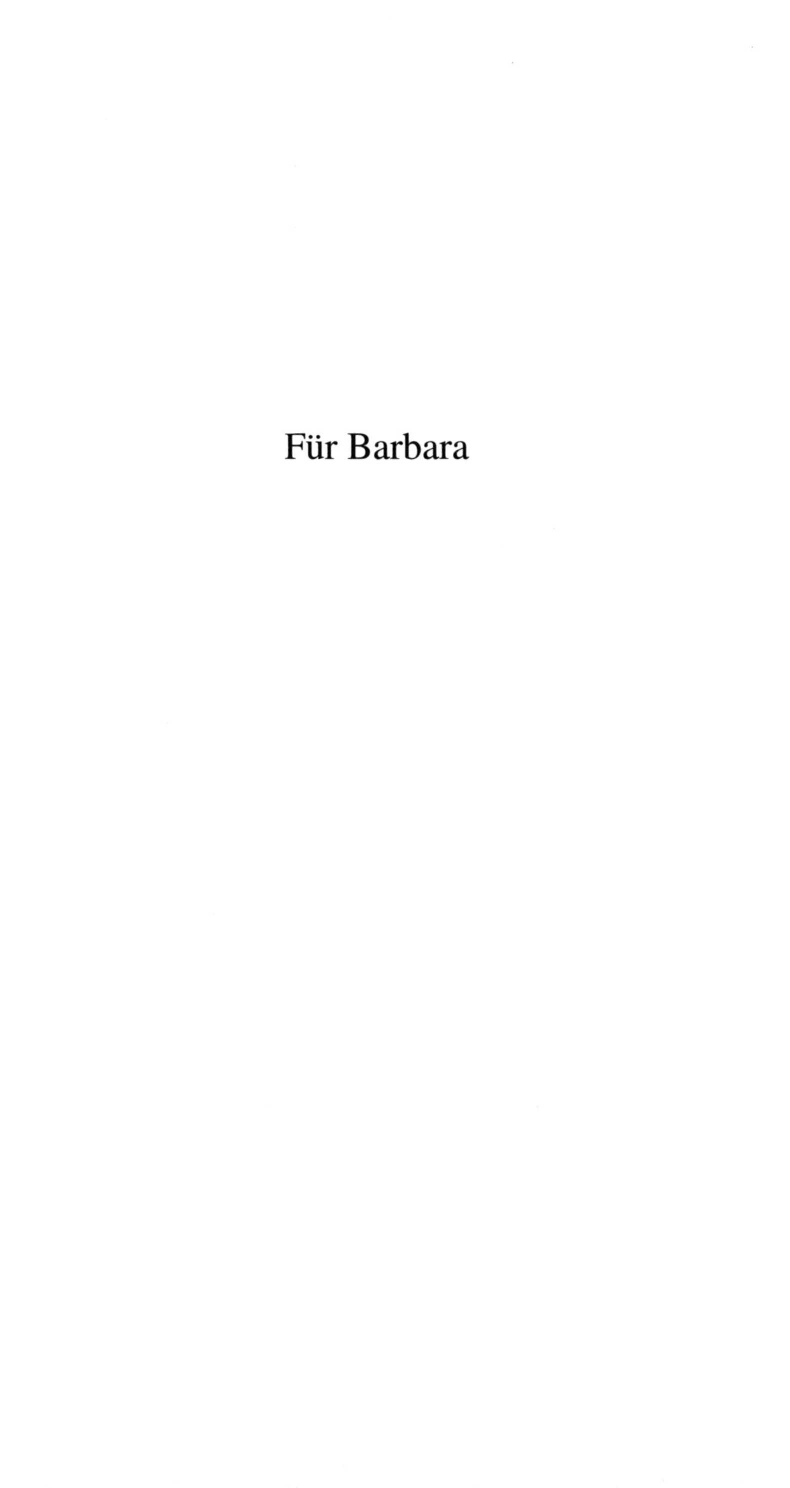

Für Barbara

Vorwort

Die hier vorgelegte kleine Studie zu der als Einschaltung in das vierbändige Romanwerk von Thomas Mann „Joseph und seine Brüder“ entstandenen Thamarerzählung, die noch einmal und zugleich anders jene im Genesisbuch überlieferte sonderbare Geschichte der Thamar und ihres mutigen Handelns Gestalt werden läßt, will einen Beitrag leisten zur Bibelauslegung Thomas Manns und deren möglicher Bedeutung für ein Verständnis der biblischen Josefsgeschichte und damit auch zu dem weithin immer noch ausstehenden, über erste Ansätze nicht hinausgekommenen Gespräch der Bibelwissenschaft mit der Josephtetralogie. Die Studie selbst hat eine längere Vorgeschichte. Erste Annäherungen zu einem solchen Gespäch zwischen Bibelwissenschaft und Thomas Manns Romanwerk sind in verschiedenen Seminaren mit Studierenden der Katholisch-Theologischen Fakultät der Universität Münster entstanden. Eine erste, sehr konzentrierte Fassung dieses Beitrags wurde vor den Mitgliedern der Arbeitsgemeinschaft der beiden theologischen Fakultäten vorgetragen; im Fortgang hat sie eine wesentliche Anreicherung, Ausweitung und Vertiefung erfahren.

Daß diese Überlegungen zur Thamarerzählung Thomas Manns in vorliegender Form in der Reihe der „Biblisch-Theologischen Studien“ erscheinen können, verdankt sich der bereitwilligen Aufnahme durch die Herausgeber der Reihe, den Herren Prof. Dr. F. Hartenstein, Prof. Dr. B. Janowski und Prof. Dr. W.H. Schmidt. Ihnen bin ich ebenso zu Dank verpflichtet wie Herrn Dr. V. Hampel vom Neukirchener Verlag, der die Veröffentlichung der Studie gleichermaßen bereitwillig und engagiert sowie mit hoher verlegerischer Kompotenz betreut hat. Bei den Korrekturarbeiten haben mich in dankenswerter Weise meine Frau sowie meine beiden ehemaligen Mitarbeiterinnen Christina Meier und vor allem Barbara Schlenke (Bonn) unterstützt.

Münster, den 28. Juni 2008 Peter Weimar

Inhaltsverzeichnis

I

Thomas Mann und die Josefsgeschichte – Eine Einführung

„Höchst anmutig ist diese natürliche Erzählung, nur erscheint sie zu kurz, und man fühlt sich berufen, sie ins einzelne auszumalen“ – so hat Johann Wolfgang Goethe die im Genesisbuch überlieferte Erzählung von Josef gekennzeichnet[1], eine prägnante, dabei keineswegs ganz neue Charakterisierung, die Thomas Mann in den Sinn kam, als „ein produktives Vortasten und Versuchen in mir begann, wie diese reizende Geschichte mit modernen Mitteln – mit *allen* modernen Mitteln, den geistigen und technischen – zu erneuern und erzählerisch frisch hervorzubringen sein möchte. […] Merkwürdig! Dieser Satz aus ‚Dichtung und Wahrheit‘ war mir alsbald gegenwärtig, mitten in meinen Träumereien: ich hatte ihn im Gedächtnis, brauchte ihn nicht nachzulesen, – und wirklich erscheint er ja wie zum Motto geschaffen für das, was ich unternahm, er bietet die einfachste und einleuchtendste Erklärung für dies Unternehmen.“[2] Diese Geschichte in allen Einzelheiten auszuführen – genau dies tut Thomas Mann, indem er das, was

---

[1] Dichtung und Wahrheit. Erster Teil. Viertes Buch (Sämtliche Werke [Artemis-Gedenkausgabe]), Zürich 1948, Bd. 10, 157.

[2] *Th. Mann*, Joseph und seine Brüder, 102. – Das angeführte Gedächtniszitat zeigt geringfügige, wenn auch im ganzen höchst bezeichnende Abweichungen gegenüber der Formulierung bei Goethe: „Höchst *liebenswürdig* ist diese natürliche *Geschichte:* nur erscheint sie zu kurz, und man fühlt sich *versucht*, sie *in allen Einzelheiten auszuführen*“, ein Sachverhalt, auf den auch *J. Ebach*, Genesis 37–50, 191 hingewiesen hat, wobei die Abweichungen sich aufs beste mit der Realisierung in der Josephtetralogie verbinden (es will zumindest beachtet sein, daß im Lebensabriß von 1930 das Goethezitat korrekt wiedergegeben ist [*Th. Mann*, Über mich selbst, 138]).

ursprünglich einmal als Novelle geplant gewesen ist[3], zu einem vierbändigen Riesenwerk von strenger kompositorischer Struktur, jeder Band jeweils aus sieben Hauptstükken bestehend, dem ersten und vierten Band überdies ein Vorspiel vorangestellt, ausgestaltete[4].
Die „Kargheit“ (III, 338) der Darstellung der biblischen Josefsgeschichte war es, die Thomas Mann herausforderte. Um diesem Mangel abzuhelfen, griff er neben der biblischen Darstellung selbst auf eine Fülle anderer Quellen und Texte, jüdische wie christliche, ägyptische wie islamische, alte wie moderne, literarische wie darlegende, erzählerische wie kommentierende, zurück[5], um auf diese Weise „die frommen Historien so erzählen [zu können], wie sie sich wirklich zugetragen haben oder wie sie sich zugetragen hätten, wenn … Aber dieses Wenn außer Betracht zu setzen, ist eben die Exaktheit da, bei der es nicht ohne humoristische Bibelkritik abgeht, wie denn ein Einschlag

---

[3] So schreibt Th. Mann in seinem Lebensabriß von 1930 in bezug auf die Entstehung des Joseph: „Was ich plante, versteht sich, war eine Novelle als Flügelstück eines historischen Triptychons, dessen beide andre Bilder spanische [Philipp II.] und deutsche [Erasmus] Gegenstände behandeln sollten, wobei das religionsgeschichtliche Motiv als durchgehend gedacht war“ (*Th. Mann*, Über mich selbst, 140); vgl. schon den Brief an E. Bertram vom 14.6.1925 (*H. Wysling*, Thomas Mann II, 84); vgl. auch *E. Heftrich*, Joseph, 448 und *A. Grimm*, Joseph, 15.

[4] Die näheren Vorbereitungsarbeiten (hierzu auch *B.-J. Fischer*, Handbuch, 36–42) zum Roman setzen wohl im November 1925 ein (*H. Bürgin-H.-O. Mayer*, Thomas Mann, 81 [8.11.1925] bzw. *G. Heine-P. Schommer*, Chronik, 159 [1.11. 1925]); zur Entstehungsgeschichte insgesamt vgl. die Übersicht bei *H. Kurzke*, Mondwanderungen, 131ff sowie näherhin *B.-J. Fischer*, Handbuch, 43–59.

[5] Eine erste Bestandsaufnahme findet sich bei *H. Lehnert*, Vorstudien, ergänzt durch *Ders.*, Josephstudien, wesentlich vertieft durch *M. Dierks*, Studien, 60–80; weiterhin *H. Wysling-Y. Schmidlin*, Bild und Text, 5–28 (Einführung) sowie aus jüngerer Zeit die Einzelstudien von *E. Galvan*, Bachofen-Rezeption, *Ch. Hülshörster*, Thomas Mann, vor allem 130–223 sowie *K. Makoschey*, Untersuchungen, insbesondere 31–51; zur Charakterisierung der Quellenstudien *K. Schröter*, Resultate, 373f; übersichtliche Zusammenstellungen der zur Josephtetralogie genutzten Quellen bei *E. Heftrich*, Joseph, 452–461; *H. Kurzke*, Mondwanderungen, 143–153 und *B.J. Fischer*, Handbuch, 37–42.

wissenschaftlicher Untersuchung zur Konzeption gehört und der Roman wohl stärker noch mit essayistischen Elementen durchsetzt sein wird als seine Vorgänger."[6] So vielfältig und verschiedenartig auch die Quellen sind, die in den Roman Eingang gefunden haben und die als solche durchaus erkennbar und aufspürbar bleiben[7], werden sie selbst dann, wenn sie wörtlich zitiert werden, dem erzählerischen wie sprachlichen Duktus der Josephromane anverwandelt, gewinnen damit einen ganz eigenen, neuen Glanz, der den Quellen, vor allem wenn es sich um nüchterne wissenschaftliche Texte handelt, nicht eigen ist[8]. Und das Ergebnis, das dadurch erreicht wird, ist wirklich verblüffend[9], wie Thomas Mann selbst, augenzwinkernd gewiß, zu berichten weiß. „Ich weiß noch, wie es mich erheiterte und wie sehr ich es als Kompliment empfand, als meine Münchener Abschreiberin, eine einfache Frau, mir das Maschinen-Manuskript des ersten Romans, ‚Die Geschichten Jaakobs', ablieferte mit den Worten: ‚Nun weiß man doch, wie sich das alles in Wirklichkeit zugetragen hat!' Das war rührend; denn es hat sich ja gar nicht zugetragen. Die Genauigkeit, die Realisation sind Täuschung,

---

[6] *Th. Mann*, Ein Wort zuvor, 99.

[7] In diesem Zusammenhang kann im einzelnen nur auf die quellenkritischen Untersuchungen verwiesen werden. – Zur Arbeitstechnik selbst vgl. die Charakterisierung bei *H. Kurzke*, Mondwanderungen, 154: „Thomas Mann arbeitete sehr gezielt. Was er brauchen konnte, strich er mit dem Bleistift an. In seinen Büchern angestrichene Stellen kann man in den meisten Fällen an irgendeiner Stelle des Romans wiederfinden, oft sogar mehr oder minder wörtlich"; zur von Thomas Mann praktizierten Montagetechnik vgl. am Beispiel des „Erwählten" *H. Wysling*, Technik.

[8] Hierzu die schöne Charakterisierung bei *H. Kurzke*, Mondwanderungen, 156: „Die Quellen sind häufig trockene Wissenschaft, im Stil meistens glanzlos und unauffällig. Bei Thomas Mann beginnen sie zu funkeln. [...] Erst durch die Art, wie er übernimmt, durch Tonschwankungen und kleine Zuspitzungen, durch Mehrdeutigkeiten und unsichtbare Gänsefüßchen schmeidigt er die Wissenschaft zur Dichtung"; zur künstlerischen Einbindung der Quellen in eine literarische Gesamtkonzeption vgl. nachdrücklich *E. Heftrich*, Geträumte Taten.

[9] So spricht *P. Pütz*, Verwirklichung, 173ff von einem „Mehrwert an Realität gegenüber den Quellen" (175).

ein Spiel, ein Kunstschein, eine mit allen Mitteln der Sprache, der Psychologie, der Darstellung und dazu noch der kommentierenden Untersuchung erzwungene Verwirklichung und Vergegenwärtigung, deren Seele, bei allem menschlichen Ernst, der Humor ist.“[10]
Unter all den Quellen, derer sich Thomas Mann bei seinem als abenteuerlich gekennzeichneten „Unternehmen, die schönste Geschichte der Welt, Joseph und seine Brüder, noch einmal“ zu erzählen, „so, wie sie sich wirklich zugetragen“[11], so weitreichend und vielfältig bedient hat, ist eine Quelle bislang noch ungenannt geblieben, und das, obgleich sie für die Josephtetralogie die bei weitem grundlegendste und wichtigste ist, das biblische Buch Genesis, innerhalb des Romanwerkes nicht zuletzt darin in Erscheinung tretend, daß im Blick auf die Geschichten von Jaakob und Joseph nahezu jeder Vers irgendwo Verwendung findet[12]. Hauptsächliche (wenn auch nicht ausschließliche[13]) Grundlage war dabei die Bibel in der Übersetzung von Martin Luther. Las Thomas Mann die Geschichte von Joseph und seinen Brüdern urprünglich auch in der alten, im Familienbesitz befindlichen, im *Doktor Faustus* (III) genau beschriebenen „Erb-Bibel“ mit ihren Randglossen[14], legte er für die Ausarbeitung seines Romans selbst jedoch nicht diese, sondern eine modernere, 1910 erschienene und im Nachlaß erhalten gebliebene vierbändige Ausgabe zugrunde[15], die im Unterschied zur Erb-Bibel nicht die gerade im

10 *Th. Mann*, Joseph und seine Brüder, 103.

11 Brief an Helen T. Lowe-Porter; zitiert nach *G. Heine-P. Schommer*, Chronik, 173.

12 Ein Register der verwendeten Bibelstellen findet sich bei *Ch. Jäger*, Humanisierung, 349f.

13 Hierzu näherhin *Ch. Jäger*, Humanisierung, 86–101 (unter Anführung zahlreicher Beispiele).

14 *Th. Mann*, Joseph und seine Brüder, 102; zur präzisen Beschreibung der alten Familienbibel im *Doktor Faustus* vgl. den Hinweis bei *H. Kurzke*, Mondwanderungen, 146; im übrigen vgl. die Erläuterung von *R. Wimmer-St. Stachorski* im Stellenkommentar zur Ausga-be des *Doktor Faustus* in der GkFA (10.2, 194).

15 Die heiligen Schriften des Alten und Neuen Bundes. Deutsch von *M. Luther*. 4 Bände, München (Georg Müller) 1910.

Blick auf die Ausgestaltung der Thamarerzählung bedeutsamen Randglossen enthält[16].

Es sollte nicht übersehen werden, daß die Josephtetralogie gerade am Buch Genesis Maß und Struktur findet. Wie sorgsam und bedacht der Autor hierbei vorgeht, wird allein schon anhand der Verteilung des biblischen Stoffes auf die vier Bände der Josephromane erkennbar. Während die beiden mittleren Romane (II und III) sich jeweils als Ausbau nur je eines Kapitels der biblischen Geschichte von Joseph (Gen 37 und 39) präsentieren, deckt der voraufgehende erste Band die ganzen Geschichten Jaakobs (Gen 27–35) ab; dem entspricht im abschließenden vierten Band die Entfaltung des in Gen 40–50 Erzählten, nämlich die Geschichte des Joseph und seiner Rolle im Ägyptenland[17]. Anders als für die literarische Organisation der Geschichten von Jaakob und Joseph im Rahmen des Genesisbuches maßgebend[18], liegt der Josephtetralogie ein wohl als chiastisch-symmetrisch zu bezeichnendes Muster in der Anordnung der Stoffmassen zugrunde, nicht zufällig, wie es scheinen will, sondern darin wohl Ausdruck einer umfassend-übergreifenden Konzeption, die Thomas Mann mit seiner Josephtetralogie im Sinn hat. Sprechend ist hierbei allein schon die Korrespondenz von erstem (Jaakob) und

---

[16] Wenn im Blick auf den von Jaakob genannten Shiloh in einer Erzählereinlassung von einem Wort, das an „Shiloh, den Helden" [285] ergangen ist, gesprochen wird, dann ist „der Held" deutlich Luthers Übersetzung des Wortes „Schilo" aus Gen 49,10 entlehnt (*B.J. Fischer*, Handbuch, 742); der doppelgliedrige Ausdruck selbst scheint Bezug zu nehmen auf die entsprechende Randglosse in Luthers Übersetzung („Darumb nennen wir Silo / ein Helt").

[17] Zu dieser Stoffverteilung insbesondere *J. Assmann*, Thomas Mann, 123ff.

[18] War das Interesse der älteren Forschung vornehmlich auf eine quellenkritische Analyse der entsprechenden Texte aus dem Genesisbuch gerichtet, so nehmen neuere Untersuchungen stärker die literarische Endgestalt des Textes in Blick; bezeichnenderweise fehlen jedoch weithin noch einschlägige Untersuchungen zur literarischen wie kompositorischen Eigenart des Genesisbuches selbst; im Blick auf die Organisation der Josefsgeschichte kann auf die (zu verbreiternden) Überlegungen bei *P. Weimar*, Funktion verwiesen werden; zum Genesisbuch insgesamt vgl. die knappen Hinweise bei *Ders.*, Art. Genesisbuch, 784.

viertem Roman (Joseph), worin, wie es scheinen will, ein den Josephromanen insgesamt zugrundliegendes mythisches Grundkonzept zum Tragen kommt. „Sie erzählen die Geschichte von Menschen, die ‚in Spuren gehen' und ihr Leben in Erfüllung mythischer Schemata führen und erfahren. Zugleich aber folgen die Protagonisten den Spuren eines Vorfahren, der Gott ‚hervorgedacht' hat, um sich in diesem neuen Gott zu spiegeln und in solcher Spiegelung zu immer höheren Graden der moralischen und zivilisatorischen Verfeinerung emporzusteigen."[19] Entsprechend dem in der Anlage des Gesamtwerkes aufscheinenden mythischen Grundgedanken, wonach alles, was geschieht, Wiederholung und Vergegenwärtigung von Urgeschehen ist[20], weitet sich der Horizont der Darstellung über Joseph und Jaakob hinaus nach rückwärts, bezieht gleichermaßen die Geschichten von Abraham und Isaak, aber auch Geschichten der Urzeit mit ein.

„Die Roman-Tetralogie ‚Joseph und seine Brüder' ist zuerst und zuletzt eine biblische Dichtung" – angesichts des vorangehend Gesagten wird man wird man eine solche Feststellung mit einigem Recht treffen dürfen[21]. Daß eine Dichtung von einer solchen Art aber nicht nur auf Gegenliebe stoßen würde, mag Thomas Mann selbst geahnt haben[22]. Die Wirkungsgeschichte hat ihm hierin durchaus

---

19 *J. Assmann*, Thomas Mann, 34.

20 Ohne in diesem Rahmen auf die breite Diskussion zum Mythosverständnis in den Josephromanen eingehen zu können, sei hier nur verwiesen auf die knappen Darstellungen bei *E. Heftrich*, Joseph, 467–472 und *H. Kurzke*, Mondwanderungen, 21–27.

21 *P.L. Sauer*, Gottesvernunft, 109.

22 Vgl. die Erzählereinlassung zu Beginn des 6. Hauptstückes des 3. Bandes: „Man meine doch nicht, daß wir stumpf seien gegen den schwebenden Tadel, der, ausgesprochen oder nicht, nur etwa aus Höflichkeit verschwiegen, sich gegen diesen unseren Vortrag, unsere Auseinandersetzung mit der Geschichte richtet, dahingehend, in der Bündigkeit, worin sie an ihrem Ur-Orte erscheine, sei sie gar nicht zu übertreffen und unser ganzes, nun schon so lang hinlaufendes Unternehmen verlorene Müh'. Seit wann aber, darf man fragen, nimmt ein Kommentar den Wettstreit mit seinem Texte auf?" [III, 338]; hierzu näherhin *E. Hefterich*, Geträumte Taten, 89ff.

Recht gegeben[23]. „Die christlichen Kirchen lehnen den Roman mehrheitlich ab, weil sie ihn als Zersetzung des Glaubens empfinden. Freilich hat der Roman unter den intelligenteren Theologen immer auch eine kleine, aber doch ziemlich konstante Zahl von Freunden gehabt. Auch die literaturwissenschaftliche Rezeption wird, wenn man absieht von Käte Hamburgers lange bestimmendem Buch [...], erst im Laufe der sechziger Jahre etwas breiter, bleibt aber immer weit hinter dem Interesse an *Buddenbrooks*, *Zauberberg* und *Doktor Faustus* zurück. Die Erkenntnis, daß der Joseph-Roman Thomas Manns eigentliches Hauptwerk ist, hat sich bis heute noch nicht durchgesetzt."[24] 1965 hat Gerhard von Rad den ersten bedeutenderen Versuch unternommen, „vom Standpunkt der Bibelwissenschaft aus ein Wort zu Thomas Manns großem Werk zu sagen", und das unter dem nicht von der Hand zu weisenden Eindruck, „als sei in der breiten Diskussion um das Werk eine Seite der Sache denn doch etwas zu kurz gekommen, nämlich die Frage des Verhältnisses des Werkes zu seiner biblischen Vorlage und die Frage nach etwaigen Spannungen, die zwischen beiden literarischen Phänomenen bestehen."[25] Das hier angemahnte Gespräch zwischen Bibelwissenschaft und Thomas Manns großangelegtem Romanwerk ist bis heute über erste Ansätze nicht hinausgekommen[26], auch wenn die Ausleger der biblischen Jo-

---

23 *H. Wisskirchen*, Literaturkritik, 892–903; eine ausführlichere Fassung *Ders.*, Sechzehn Jahre, 85–145; außerdem *H. Kurzke*, Mondwanderungen, 161–175.

24 *H. Kurzke*, Mondwanderungen, 174.

25 *G. von Rad*, Josephserzählung, 285f. – Hierzu vgl. auch die Bemerkungen von *E. Drave*, Strukturen, 201 sowie jüngst insbesondere *F.W. Golka*, Thomas Mann, 11–18; eine frühe Auseinandersetzung begegnet schon bei *O. Basler-H. Goldschmidt*, Thomas Mann.

26 Zu nennen wären hier etwa *M. Görg*, Ägypten, 159–180; *F.W. Golka*, Josefsgeschichte; *Ders.*, Jakob; *Ders.*, Joseph; *R.A. Klein*, Leseprozeß, 36–62; jüngst *A. Appelfeld*, Bible. – Zur theologischen Auseinandersetzung mit Thomas Manns Josephsromanen vgl. insbesondere *D. Mieth*, Epik; *Ch. Jäger*, Humanisierung; *P.L. Sauer*, Gottesvernunft; im übrigen spielt in der Diskussion der Zusammenhang des Werkes von Thomas Mann insgesamt, speziell der Josephromane, und der Theologie allenfalls am Rande eine Rolle (vgl. etwa *F.W. Kantzenbach*, Denkstrukturen, 201–217; *H.J. Baden*, Thomas Mann,

sefsgeschichte nicht müde werden, zumindest anmerkungsweise die herausragende literarische Leistung der Joseph-Romane herauszuheben[27], ohne aber einzutreten in eine tiefergehende Auseinandersetzung mit der Bibelauslegung Thomas Manns und deren möglicher Bedeutung für ein Verständnis auch der biblischen Josefsgeschichte[28]. Einen Anstoß zumindest zu dem immer noch ausstehenden Gespräch der Bibelwissenschaft mit dem Roman „Joseph und seine Brüder" zu geben, ist so denn auch die Absicht der nachfolgenden Überlegungen zu dem „Thamar" betitelten fünften Hauptstück des abschließenden vierten Romanbandes[29].

99–124; *H. Biesel*, Theologische Ironie, 47–80; *H. Deuser*, Mythos und Kritik, 288–309).

[27] Hierzu vgl. nur *F.W. Golka*, Jakob, 14.

[28] Vgl. die entsprechenden Feststellungen bei *Ch. Jäger*, Humanisierung, 57 („... jedoch wird nirgends auf Thomas Manns spezifische exegetische Leistung [z.B. seine Quellensynthese] eingegangen") oder *E. Drave*, Strukturen, 201 („... auf ihre eigene Arbeit hat das aber kaum Einfluß"); anders demgegenüber jedoch der neueste Kommentar zur Josefsgeschichte von *J. Ebach*, Genesis 37–50. Das hier angemahnte Defizit gilt m.E. nicht allein hinsichtlich des Problems der „Quellensynthese", worauf *F.W. Golka*, Jakob, 14 vor allem abhebt, sondern gerade auch hinsichtlich der Bedeutsamkeit jenes Thomas Mann immer wieder zum Vorwurf gemachten Phänomens einer Re-mythisierung des Erzählstoffes (*G. von Rad*, Josephserzählung, 294ff.; vgl. auch *P.L. Sauer*, Gottesvernunft, 249–354) für ein Gesamtverständnis auch der biblischen Josefsgeschichte in ihrer literarischen Endgestalt, zumal wenn sie nicht als eine für sich bestehende Einzelgeschichte anzusehen, sondern als in den Gesamtzusammenhang des Genesisbuches eingebunden zu betrachten ist (*E. Drave*, Strukturen, 201).

[29] Speziell zur Auseinandersetzung Thomas Manns mit der Thamarerzählung sind mir nur die beiden Untersuchungen von *H.N. Carlebach*, Thamar und *D.J. Spininger*, Thamar bekannt.

II

„‚Einschaltung‘ ... Es war Thamars Wort und ihre Losung“ – Die Thamarerzählung Thomas Manns

Auf der Suche nach einer Frauenfigur, die um der Symmetrie des Gesamtwerkes willen im letzten Teil der Josephstetralogie auf keinen Fall zu entbehren war, stieß Thomas Mann auf die Geschichte der Thamar, „jener Frau, die sich in der Bibel entschlossen in die Segenslinie einzuschalten verstand ... Ihr ist das fünfte Hauptstück gewidmet“[30]. Als „vielleicht das Sonderbarste und Besterzählte, was ich gemacht habe“, kennzeichnet er seiner Tochter Erika gegenüber die Erzählung von Thamar[31]. Ihr kommt als „geschlossene Novelle“[32] bzw. als „Novelle für sich“[33] ein hohes Maß an Eigenständigkeit zu, ohne aber als solche für sich stehen zu wollen[34]. „Einschaltung“ heißt das Losungswort[35].

---

[30] *E. Heftrich*, Geträumte Taten, 104.

[31] Brief vom 24.2.1942; wieder abgedruckt in: *H. Wysling*, Thomas Mann II, 249 = Thomas Mann, Selbstkommentare, 211.

[32] *Th. Mann*, Joseph und seine Brüder, 110.

[33] *Th. Mann*, Sechzehn Jahre, 126.

[34] So ist die Thamar-Erzählung 1942 zunächst als Sonderdruck der Pazifischen Presse Los Angeles erschienen. Noch zweimal wurde ein Separatdruck von „Thamar“ veranstaltet, und zwar 1956 (mit den ausdrucksstarken Illustrationen von G. Böhmer) sowie 1995 (Fischer Bibliothek).

[35] Zum Einschaltungsprinzip in bezug auf die Thamar-Erzählung ist vor allem auf *D. Mieth*, Epik, 131ff zu verweisen, der zu Recht zwischen Einschaltung als „Gestaltungsmoment des Erzählens“ und als „Gestaltmoment des Erzählten“ unterscheidet (132), dabei betont, daß das „Einschaltungsprinzip … ein immanentes Strukturprinzip der Josephsromane insgesamt“ (131) ist.

1. Einschaltung als Strukturprinzip

„Nicht umsonst trat uns wiederholt und mit einem gewissen Eigensinn das Wort ‚Einschaltung' auf die Lippen. Es ist die Losung der Stunde. Es war Thamars Wort und ihre Losung. Sich selbst wollte sie einschalten, und tat es mit erstaunlicher Entschlossenheit, in die große Geschichte, das weitläufigste Geschehen, von dem sie durch Jaakob Kunde erhalten, und von dem ausgeschaltet zu werden sie sich um keinen Preis gefallen ließ" [268][36]. Dem Willen Thamars auf der Ebene des Erzählten, sich in die Geschichte einzuschalten, entspricht auf der Erzählebene die Einschaltung als eines für die Josephromane insgesamt bedeutsamen Strukturprinzips, welches der Geschichte Thamars nicht nur ein hohes Maß an Eigenständigkeit verleiht, sondern dem Erzähler auch die Möglichkeit eröffnet, Themen und Strukturen der Josephromane aus einer veränderten Perspektive neu zu betrachten. Aufschlußreich ist hierbei die Eingliederung der Geschichte Thamars in den größeren Erzählzusammenhang.

Behutsam führt der Erzähler an die Figur der Thamar heran. „Ein Weib saß zu Jaakobs Füßen ..." [266] – so beginnt die Erzählung[37]. Ohne daß ihr Name hier schon fällt, steht sie dem Leser von Anfang an als „Schülerin" Jaakobs anschaulich vor Augen. Erst zu Beginn des zweiten Abschnitts wird sie auch mit Namen eingeführt („Ihr Name war Thamar" [266]), nachdem sie zuvor nur insgesamt viermal als „Weib" bezeichnet worden ist. Daß in dieser verzögerten Namensnennung Thamars eine vom Erzähler bewußt angelegte Inszenierung zu sehen ist, wird anhand der sorgfältig geplanten Konstruktion des Eröffnungsabschnitts greifbar. Verklammert ist dieser durch eine die

---

[36] Als Textausgabe ist zugrundegelegt *Th. Mann*, Joseph und seine Brüder IV. Joseph, der Ernährer. Roman. Nachwort von *A. von Schirnding* (GEW), Frankfurt / M. 1983. – Auf diese Ausgabe beziehen sich auch die jeweils durch eckige Klammern gekennzeichneten Nachweise der Textzitate; eine Konkordanz der verschiedenen Ausgaben der Josephromane findet sich im übrigen bei *B.-J. Fischer*, Handbuch, 836–863.

[37] Vgl. die sorgfältigen Beobachtungen bei *D.J. Spininger*, Thamar, 157ff.

Titelfigur jeweils mit „ein Weib" (mit unbestimmtem Artikel) kennzeichnende Aussage („Ein Weib saß zu Jaakobs Füßen") bzw. Frage („und was für ein Weib ist das?"), womit zugleich eine wesentliche Eigenschaft der eingeführten Figur kenntlich gemacht ist, das Fremde, Rätselhafte, Unnahbare, das sie auszeichnet, damit eine Eigenschaft betonend, die bei allem, was ein Leser im Fortgang der Erzählung über sie erfährt, keinesfalls das Geheimnisvolle, das diese Frau umgibt, entschleiert. Wie gezielt der Erzähler bei der Einführung Thamars vorgeht, wird noch auf andere Weise sichtbar. Der Eingangssatz „Ein Weib saß zu Jaakobs Füßen" tritt in Beziehung zu der dreigliedrigen Aussagefolge, bestehend aus Fragesätzen, am Ende des Textabschnitts. „Wie sitzt nun das Weib mit ihm ...?", eine rhetorische Frage, die ihrerseits in der unmittelbar sich anschließenden Frage „Wo kommt das Weib her?" und über den Rückverweis ihres Sitzens zu Füßen Jaakobs hinweg hinzielt auf die als Klimax der Dreierreihe erscheinende Frage „und was für ein Weib ist das?", woran sich sodann die Einführung des Namens Thamar anschließt. Wie sorgsam die Eröffnung der Erzählung gestaltet ist, kommt auch darin zum Ausdruck, daß das Nomen „Weib" wie das Verbum „sitzen" innerhalb des ersten Abschnitts je viermal begegnen. Nicht nur das! Der Eröffnungsabschnitt besteht aus genau vier Sätzen, zwei Aussage- und zwei Fragesätzen, was angesichts der Häufung nach der erzählerischen Funktion des Spiels mit der Vierzahl gerade zu Beginn der Thamarerzählung fragen läßt. Betitelt mit „Der Vierte", endet das erste Kapitel bezeichnenderweise mit dem Satz „Und also mußte der Vierte es sein, der nach ihnen kam, Juda – er war's" [274]. So scheinen Thamar und Juda auf geheimnisvolle Weise von Anfang an füreinander bestimmt.

Die zu Beginn der Thamarerzählung aufgebaute Personenkonstellation erklärt sich aus dem Prinzip der Einschaltung. Um dieses Erzählprinzips willen ist das von der biblischen Überlieferung übergangene „Verhältnis Thamars zu Jaakob", vom Erzähler ausdrücklich als Mangel angemahnt, „unentbehrliche Voraussetzung zu der Episode und merkwürdigen Randhandlung unserer Geschichte ..., die wir hier einschalten" [268]. Mit diesem erzähltechnischen

Kunstgriff schafft sich der Erzähler die Möglichkeit, die „Welt" Jaakobs in die Geschichte Thamars hereinzuholen und ihr damit eine neue Tiefendimension zu geben. Über die Verbindung zu Jaakob hinaus tritt Thamar als Ersatz für Joseph, Jaakobs Liebling, – obschon sie sich auf der Erzählebene nirgends begegnen – zu diesem in eine geheimnisvolle, aus dem Bewußtsein, sich erwählt zu fühlen, beruhende Beziehung. Der kontrastive Zusammenhang, der beide miteinander verbunden sein läßt, findet darin einen Rückhalt, daß die Geschichte Josephs wie auch die Geschichte Thamars je in ihrer Weise Einschaltungen darstellen, wie der Erzähler in den beiden Rahmenkapiteln der Thamarerzählung nachdrücklich festhält („die Geschichte Josephs und seiner Brüder, selbst nur eine anmutige Einschaltung [...] in ein Epos ungleich gewaltigerer Maße" [268] sowie „gehört der großen Geschichte an, von der die Geschichte Josephs nur eine Einschaltung ist. Aber in diese ist und bleibt die Geschichte des Weibes eingeschaltet" [305]).

Gerade mittels des Einschaltprinzips eröffnet sich dem Erzähler die Möglichkeit, die Bedeutsamkeit des von Thamar Erzählten ins rechte Licht zu rücken. Wenn auch auf den ersten Blick wie eine Episode am Rande erscheinend, gewinnt die Geschichte Thamars nicht zuletzt dadurch im Blick auf das Ganze der Josephromane eine bedeutsame Funktion, als Thamar schon gleich zu Beginn der Erzählung an die Josephfigur angebunden und mit ihr durch signifikante Gemeinsamkeiten („Oft saßen sie an diesem Platz ..., wo der Vater einst mit dem Liebling gesessen und dieser ihm das bunte Kleid abgeluchst hatte" [266]) verbunden erscheint[38]. Durch die Hineinnahme des Jaakob in die in sich geschlossene Thamarerzählung wird die Voraussetzung geschaffen, zum wiederholten Male die Ge-

---

[38] Die Verknüpfung des Schicksals von Thamar und Joseph zeigt sich etwa auch daran, daß das „Ketônet paspasim, das Schleiergewand der Bestrickenden" [301], in das Thamar, als sie am Tor von Enam saß, gehüllt war, zurückverweist auf „Rahels Ketônet passîm" [II, 94], „Mami's Schleier-Ketônet" [II, 99], eben, das er von Jaakob erhalten hat; innerhalb der Thamarerzählung entspricht Thamars Schleiergewand jenem zu Beginn erwähnten bunten Kleid, das Joseph seinem Vater abgeluchst hat [266].

schichten Jaakobs samt den Ideen des Vorspiels zu erinnern und daran – in kühner Verschränkung des „Einst der Vergangenheit" und des „Einst der Zukunft" [284] die Verheißung der Zukunft zu binden[39]. In konzentrierter Form läßt die Geschichte der Thamar die Leitgedanken des ganzen Romans anklingen, so daß ihr im Blick auf diesen eine Schlüsselfunktion zukommt.

2. Eine Komposition von großer Geschlossenheit

Wenn auch vielschichtig auf den Gesamtzusammenhang der Josephsromane bezogen, zeichnet sich die eingeschaltete Thamarerzählung durch ein hohes Maß an Geschlossenheit aus, die sie gegenüber der literarischen Umgebung abgehoben sein läßt. Anschaulich wird das anhand der beiden eindrucksvollen Bilder zu Beginn und am Ende der Erzählung – dort eine Thamar, die zu Jaakobs Füßen sitzt [266], und hier eine Thamar, die da steht, „hoch und fast finster, am Hang ihres Heimathügels und blickt, eine Hand auf ihrem Leibe und mit der anderen die Augen beschattend, ins urbare Land hinaus, über dessen Fernen das Licht sich in türmenden Wolken zu breit hinflutender Strahlenglorie bricht" [305]. Von einer „Schülerin" Jaakobs ist Thamar zu einer selbstentschlossenen Frau geworden. So veranschaulicht das Anfangs- und Schlußbild die Entwicklung, die Thamar durchgemacht hat. Der Entwicklungsprozeß, der sich an Thamar ereignet hat, wird nacherlebbar in sechs (nicht allzu umfangreichen und jeweils mit einer Überschrift versehenen) Kapiteln. Die Sechsgliedrigkeit der Kapitelfolge ist – wie auch die Fügung der Sätze und Abschnitte – genau kalkuliert[40]. Nichts ist da dem Zufall überlassen.

---

[39] Hierzu *D. Mieth*, Epik, 133. – Indem Thamars Handeln zukunftsorientiert ist, Josephs Handeln dagegen auf das Heil in der Gegenwart zielt, unterscheidet sich das Profil beider Gestalten, trotz der gezielten Verknüpfung beider Schicksale miteinander, deutlich voneinander; hierzu näherhin *D. Mieth*, ebd. 144, der in bezug auf Thamar von der „Erwartungslinie der Verheißung" spricht.

[40] Wie genau Thomas Mann Sätze zu fügen weiß, hat eindrucksvoll *H. Arens*, Analyse anhand eines Satzes aus dem Vorspiel zum ersten Band der Josephromane gezeigt.

Die Rhythmisierung des Erzählstoffes in sechs Kapiteln läßt sich – gerade auch bei Beachtung kompositorischer Gliederungsmerkmale – auf doppelte Weise lesen. Eine erste Form der Rhythmisierung des Erzählstoffes, die als personenorientiert gekennzeichnet werden kann, zeichnet sich durch eine Einteilung der Thamarerzählung in eine Abfolge von drei Kapitelpaaren aus. Die ersten beiden Kapitel richten den Blick insbesondere auf die Gestalt des Juda und werden so zueinander in Beziehung gesetzt, wie beispielsweise durch die Korrespondenz des Schlußsatzes des ersten Kapitels („Und also mußte der Vierte es sein, der nach ihnen kam, Juda – er war's" [274]) und der das zweite Kapitel einleitenden Frage („Wußte er, daß er es war?" [274]) angezeigt ist. Die Feststellung am Ende des ersten Kapitels („Juda – er war's") ist ihrerseits Antwort auf die voraufgehende Frage nach dem Erwählten („Wer aber war der Erwählte unter den Brüdern, von dem es kommen sollte?" [274]). Die „Erberwählung", deren Juda nie gedenkt, ohne vor ihr „zu erschrecken und schmerzlich zu zweifeln, ob er ihrer würdig sei" [274], ist das Thema der ersten beiden Kapitel. Juda ist jedoch nicht auf der Handlungsebene präsent, sondern wird nahegebracht aus der Thamar vermittelten Deuteperspektive Jaakobs, die zeitliche Abfolge des Geschehens dabei souverän außer Kraft setzend, insofern nicht nur seine Heirat mit einer Kanaaniterin („So hatte Juda getan, wie wir wissen" [270]) und Judas Ehegeschichte erinnert („Die Geschichte von Juda's Ehe und der seiner Söhne ..." [277f]), sondern vorgreifend schon das „Verderben der beiden Judasöhne" [268] ins Spiel gebracht wird. Legen auch die beiden Eingangskapitel ihr Hauptaugenmerk auf die Gestalt des Juda, so wird mittels reflektierender, den Leser mit seinem Wissen einbeziehender „Einschaltungen" des (fiktiven) Erzählers[41] von vornherein die gerade schicksalhafte Verknüpfung von Thamar und Juda angezeigt, wenn auch deren volle Bedeutung sich erst im Fortgang der Erzählung er-

[41] Hierzu *J. Hohmeyer*, Studien. – Zur Rolle des fiktiven Erzählers *E. Henze*, Rolle, 189–201.

schließt[42]. In ihrer Spannungseinheit wirken die Eingangskapitel wie die beiden Tafeln eines Diptychons, erkennbar allein schon anhand des beziehungsreichen Spiels mit Hilfe der Überschriften „Der Vierte" bzw. „Astaroth".
Weiteres wäre in diesem Zusammenhang zu nennen. Beachtung verdienen mag vor allem die zu Beginn des ersten Kapitels gegebene stichwortartige Vorstellung der Gestalt der Thamar, die in zweifacher Weise charakterisiert ist – entsprechend ihrer Herkunft („ein kanaanitisch Weib, ein Landeskind vorerst und nichts weiter" [266]), dann aber hinsichtlich seiner Verbindung zu Jaakob („Jaakobs Sohnes-Söhnin, Jehuda's, seines Vierten, Schwiegertochter ..., vor allem aber seine Verehrerin und seine Schülerin in der Welt- und Gotteskunde" [266f]). Ihr Wesen ist gekennzeichnet durch eine eigentümliche Mischung „aus Strenge und geistlicher Strebsamkeit [...] und dem seelisch-körperlichen Geheimnis astartischer Anziehungskraft" [267], worauf am Ende des zweiten Kapitels mit der Qualifizierung Thamars als „eine Ischtar-Frau" [278] zurückverwiesen wird. Der Charakterisierung Thamars tritt im zweiten Kapitel korrespondierend diejenige Judas gegenüber, wobei Einsichten in sein Wesen sich in erster Linie aus den Ereignissen um den Verkauf des Joseph eröffnen, vor allem daß ihm „die an Joseph und dem Vater begangene Tat entsetzlich" naheging [275] und ihm aufgrunddessen Höllenqualen, die „Plagen Aschtarti's" [277], bereiteten. Hingewiesen wird insbesondere auch auf seine Unentschiedenheit in religiösen Dingen, indem er zugleich „an den Gott seiner Väter, El Eljon, den Höchsten, Shaddai, den

---

42 Daß Thamar und Juda schon von Beginn der Erzählung an aufs engste aufeinander bezogen sind, auch wenn sie in keiner wirklichen Beziehung zueinander stehen, zeigt sich schon anhand eines kompositorisch-stilistischen Phänomens, insofern das erste und zweite Kapitel an ihren äußeren Rändern durch die Figur der Thamar verklammert erscheinen („Ein Weib saß zu Jaakobs Füßen" [266] ‖ „... und ungerecht sicher in hohem Maße auch gegen Thamar" [278]), wohingegen an der Schnittstelle, da die beiden Kapitel aufeinander stoßen, in prononcierter Weise Juda Erwähnung findet („Juda – er war's" ‖ „Wußte er, daß er es war?" [275]). So entsprechen sich die Erwähnungen Thamars und Judas chiastisch, zeigen damit nochmals den kompositorischen Zusammenhang der beiden Eingangskapitel an.

Mächtigen Jaakobs, den Fels und den Hirten, Jahwe" als auch „an die Elohim der Völker, ... die fremden Götter, Baalim und Astaroth" glaubt [276]; gerade der „Eindruck arger Ungefestigtheit und der Neigung zum Rückfall und Abfall bis ins späteste Glied" [276], den er erweckt, gibt den eigentlichen Schwachpunkt seines Wesens an; seine Schwäche für Thamar („eine Ischtar-Figur"), aber auch seine Plagen, die er des Verkaufs des Joseph wegen ausstehen muß, sind „Zeichen der Astaroth" [276] (vgl. auch den Ausdruck „Plagen Aschtarti's" [277]).

Die paarweise Zuordnung von jeweils zwei Kapiteln bleibt auch für die weitere Thamarerzählung als rhythmisierender Ordnungsfaktor gewahrt. Im dritten und vierten Kapitel wechselt die vordringliche Aufmerksamkeit von Juda auf Thamar. Sie ist hier die Hauptfigur. Bei ihr nimmt das Erzählte jeweils seinen Ausgang, um in beiden Fällen am Ende auf Juda hinzuführen. Über die Parallelität der Erzählbewegung hinaus sind beide Kapitel über die Figur des Jaakob an ihren äußeren Rändern zusammengebunden – zu Beginn des dritten Kapitels ist Thamar vorgestellt, wie sie da sitzt, „zu Jaakobs Füßen, seit langem schon, tief beeindruckt von seinem Ausdruck, und ... der Lehre Israels" lauscht [279], zum Abschluß des vierten Kapitels löst Thamars Vorhaben bei Jaakob nicht bloß Überraschung, sondern darüber hinaus auch heftiges Erschrecken aus („„... war ihm leise grausig zumute bei dieser ganzen Geschichte" [292]).

Mit Hilfe der Parallelität der Erzählanlage, durch die das dritte und vierte Kapitel miteinander verbunden sind, wird nicht allein das Werden des Entschlusses Thamars, sich in die durch Jaakobs Lehrstunden nahegebrachte Geschichte der Erwählung einzuschalten und sich darin einen aktiven Platz zu sichern, sondern darüber hinaus auch ihre Entschlossenheit, „sich, koste es, was es wolle, mit Hilfe ihres Weibtums in die Geschichte der Welt einzuschalten" [287], nachgezeichnet. In der Abfolge wie Zuordnung des dritten und vierten Kapitels wird mit besonderer Eindrücklichkeit der Wandel, der mit Thamar vor sich gegangen ist, anhand einer bewußten Parallelisierung der beiden Kapitelanfänge sichtbar gemacht, wobei dem Motiv der „Furchen zwischen Thamars Brauen" eine beachtenswerte Rolle zukommt[43]. In ihrem Wollen, eine „Vor-Mutter Shilohs" [288], des von Jaakob erdachten messianischen Friedensfürsten, zu sein, läßt Thamar keinen Gedanken aus, um ans Ziel ihrer Wünsche zu kommen. Dieses Ziel trägt den Namen Juda, den sie mit der „Liebe des Ehrgeizes" [288] begehrt. Zweifellos ein Höhepunkt nicht allein des vierten Kapitels, sondern des ganzen auf Juda gerichteten Begehrens Thamars ist die Funktionalisierung Jaakobs für ihre Zwecke, dessen „wohlbekannte würdevolle Schwäche für sie" [290] dabei ausnutzend. Erstmals innerhalb der Thamarerzählung greift der Erzähler zum Stilmittel der direkten Rede, um die Schlüsselbedeutung dieses Gesprächs zwischen Thamar und Jaakob entsprechend veranschaulichen zu können. Wie schon die beiden Eingangskapitel sind auch das dritte und vierte Kapitel in Art eines Diptychons einander zugeordnet, lassen damit auf durchaus reizvolle Weise Shiloh und Juda zueinander in Beziehung

---

[43] Die hier in Frage stehenden Zusammenhänge lassen sich anhand einer synoptischen Übersicht verdeutlichen (279f bzw. 287f):

Drittes Kapitel	*Viertes Kapitel*
[1] „Zwei Falten der Anstrengung zwischen ihren samtenen Brauen"	[1] „die stehenden Furchen zwischen Thamars Brauen"
→ Erste Bedeutung: „schön auf eine strenge und verbietende Art"	→ Dritte Bedeutung: „Nicht nur vom Zorn über ihre Schönheit … und von suchender Anstrengung, sondern auch von Entschlossenheit"
[2] „Falten zwischen ihren Brauen"	[2] „Falten zwischen ihren samtenen Brauen"
→ Zweite Bedeutung: „… nicht nur den Sinn des Zornes über ihre Schönheit, sondern auch den angestrengter Bemühtheit um Wahrheit und Heil"	→ Vierte Bedeutung: „… zornig neidvoller Geringschätzung für Schua's Tochter, das Weib Jehuda's"

Entfalten die beiden ersten Vorkommen des Bildmotivs von den Furchen zwischen Thamars Brauen deren Bedeutung im „Lehrgange" Jaakobs [284], so charakterisieren das dritte und vierte Vorkommen dieses Motivs Thamars zielstrebige Entschlossenheit, sich in die „Bahn der Verheißung" [287] einzuschalten.

treten und geben ihnen so im Gesamtzusammenhang der Thamar-Erzählung ein eigenes Gewicht[44].
Deutlich andere Akzente werden demgegenüber in den beiden abschließenden Kapiteln gesetzt, die sich in mancherlei Weise von den vorangehenden beiden Diptychen unterscheiden. Es ist nicht allein das Erzähltempo, das sich hier beschleunigt. Mit Beginn des fünften Kapitels wird Juda, nachdem er bisher nur in den Spiegelungen vor allem Thamars, aber auch des Erzählers in Erscheinung getreten ist, erstmals als eine in das erzählte Geschehen eingreifende Gestalt eingebracht. Entsprechend verschränkt sich hier das Lebensschicksal von Thamar und Juda. Wiederum werden die angezielten Zusammenhänge mittels kompositorischer Gestaltungsmittel erschlossen – so die Verklammerung der beiden Kapitel durch die Figur des Juda [292 und 298] bzw. der Thamar [292 und 304f] sowie die Parallelisierung der beiden Kapiteleingänge durch Ver-weis auf Jaakobs Gebot [292f und 298]. Indem Thamar durch Jaakob das Levirat „zur Satzung erheben" [294] läßt, arrangiert sie das weitere Geschehen. Es ist Ausdruck ihrer Entschlossenheit. Daß man sie nicht „vertilge vom Erbe Gottes" [294], dazu setzt Thamar alles in Gang. Kraft ihrer Entschlossenheit erfüllt sich am Ende auch ihr Lebensmotto: „ich bin die Frau nicht, die sich vertilgen läßt samt ihrem Sohn vom Erbe Gottes!" [304]. In diesen großen, durch die Figur der Thamar bestimmten Spannungsbogen,

---

44 Hier wäre nochmals daran zu erinnern, wie sehr das dritte und vierte Kapitel, je für sich literarisch wie stilistisch als geschlossene Kompositionen in Erscheinung tretend und entsprechend herausgehoben, gerade darin zugleich auf überaus bedachte Weise aufeinander bezogen erscheinen, wobei insbesondere auf die m.E. unverkennbare Korrespondenz der Schlüsse beider Kapitel hinzuweisen ist; auf erzählerischer Ebene darf hierbei gerade auf das Phänomen der Instrumentalisierung Jaakobs durch Thamar – sei es hinsichtlich seiner Belehrung über die Welt, sei es durch Intervention bei Juda – im Rahmen der beiden Kapitel, zusätzlich durch die Schlußposition nachhaltig herausgestellt, hingewiesen werden („kaum war sie belehrt, so wollte sie, – oder richtiger: sie hatte Belehrung genommen, um zu erfahren, was sie wollte und nicht wollte" [287]), wobei sie gezielt ihre „Doppelnatur" („astartisch, zugleich und geistlich begierig nach unserer Weisheit" [279]) in die Waagschale zu legen versteht.

der die beiden Schlußkapitel verklammert, sind jene Passagen eingebunden, die die Figur Judas beleuchten. Nicht nur daß Juda sich dem Willen des Vaters fügt („Warum hätte Juda löcken sollen gegen das Wort?“ [293] bzw. „Da löckte Juda nicht mehr und verordnete die Heirat“ [295]), sondern auch seine merkwürdige Unentschlossenheit, als er die Kedesche, Thamar, am Wege sitzen sieht [301], beides wirft ein bezeichnendes Licht auf die Gestalt des Juda. Ohne Zweifel, die Figuren von Juda und Thamar sind gegensätzlich angelegt[45]. Der Entschlossenheit der Thamar hat Juda nichts entgegenzusetzen, selbst da nicht, wo Juda sich Thamar gegenüber scheinbar durchsetzt[46]. Aus dem

---

[45] Das wird – abgesehen von allem andern – an der Reaktionsweise greifbar, mit der Thamar und Juda das Gebot des Vaters aufnehmen. Während Juda mürrisch zwar, doch ohne Umstand in den Willen seines Vaters einwilligt („Es waren etwas trübe Gebärden, mit denen er darein willigte, aber er willigte ohne Umstände darein“ [293]), willigt Thamar keineswegs in „Jaakobs Weisung“ ein, sondern fügt sich nur („nahm ihres Schwiegervaters Bescheid mit finsteren Brauen auf, ihm dabei tief in das Auge blickend. Aber sie fügte sich“ [298]), wobei der tiefe Blick in Jaakobs Augen einerseits an das geheime Wissen erinnert, das beide miteinander verbindet und zugleich aneinander bindet, andererseits aber auch ihre Entschlossenheit zum Ausdruck bringt und damit den Leser an ihren verborgenen Plänen teilhaben läßt. Durch einen eingeschalteten Erzählerkommentar, der sich – wie anhand des durch die beiden Worte „Geduld“ und „Entschlossenheit“ gebildeten Chiasmus erkennbar wird – allein schon aufgrund seiner Geschlossenheit heraushebt, wird der Zusammenhang zwischen Geduld und Entschlossenheit Thamars ausdrücklich gemacht („Die Geduld dieser Frau war ebenso ansehnlich wie ihre Entschlossenheit. Aber Entschlossenheit und Geduld, die beiden sind wohl ein und dasselbe“ [298]), damit indirekt – ohne daß dem hier näher nachgegangen werden könnte – auf den spannungsvollen Zusammenhang der beiden mittleren Kapitel anspielend und damit zugleich eine Beziehung herstellend zu jener Thamar beherrschenden Unruhe, auf die gerade im dritten Kapitel leitmotivartig verwiesen ist.

[46] In diesem Zusammenhang ist auch das beziehungsreiche Spiel der Zahl und ihrer Bedeutung zu bedenken. An den Rändern des fünften Kapitels wird Juda, da er sich von den Weisungen seines Vaters herausgefordert fühlt, betont als „der Vierte“ bezeichnet [293 und 297]. Diese Benennung, die zuvor schon am Ende des ersten [274] wie des dritten Kapitels [287] begegnet ist, findet sich ein letztes Mal zum Abschluß des letzten Kapitels („Lea's Vierter“ [304]), genau in dem Augenblick, da Juda sich mit der Wahrheit konfrontiert sieht. Um

„Weib, das Leid trägt" [298], wird am Ende das Weib, „das sich um keinen Preis ausschalten ließ, sondern sich auf die Bahn brachte mit verblüffender Entschlossenheit" [305]. Am Ende steht Thamar – wie es in eindrucksvoller Weise der Schlußsatz verdeutlicht – ganz für sich da und blickt in eine offene Zukunft.

Stellt sich damit eine Rhythmisierung der Thamarerzählung in dreimal zwei diptychonartig einander zugeordnete Kapitel (Kapitel 1 und 2: Juda – Kapitel 3 und 4: Thamar – Kapitel 5 und 6: Thamar und Juda) dar, so liegt darin aber keineswegs das alleinige und ausschließliche Strukturierungsmuster. Wiederum wird mit den Zahlen zwei und drei als Rhythmisierungsmuster operiert, jedoch ist ihre Zuordnung genau umgekehrt. Danach gliedert sich die Thamarerzählung nicht in dreimal zwei Kapitel, sondern in zweimal drei Kapitel. Die schon beobachtete auffällige Entsprechung des ersten und dritten Kapitels verdient hier gebührende Beachtung. Die Rahmenaussagen des ersten Abschnitts des Eingangskapitels („Ein Weib saß zu Jaakobs Füßen [...], und was für ein Weib ist das?" [266]) werden zu Beginn des dritten Kapitels in chiastischer Form wieder aufgenommen („Thamar, sie war's. Sie saß zu Jaakobs Füßen" [279]). Da die erzählte Situation seit Beginn der Thamarerzählung eigentlich unverändert ist („sei es im härenen Haus [...], sei es unter dem Unterweisungsbaum oder am Rand des benachbarten Brunnens" [266] bzw. „auf einer Brunnenstufe, einem Wurzelstrange des Unterweisungsbaumes" [279])[47], erübrigt sich so ei-

---

deutlich werden zu lassen, daß gerade auf Juda, den „Vierten", Thamars begehrender Blick geht, wird eine Symmetrie hergestellt zwischen den drei Jahren des Wartens der Thamar [298] und den drei Gedanken, die Juda angesichts der in das Schleiergewand gehüllten Thamar erfassen [301]. Die Dreizahl weist über sich hinaus, zielt auf Juda, den „Vierten". Daß dieses Spiel mit Zahlen nicht auf Zufall beruht, legt auch die vierfache Bedeutung der Falten zwischen den Brauen Thamars nahe (s.o.).

[47] Um deutlich werden zu lassen, daß die beiden Situationsbeschreibungen zu Beginn des ersten und dritten Kapitels mehr als eine bloße Parallelität der vorgestellten Situation anzeigen wollen, treten sich die einzelnen Beschreibungselemente in chiastischer Anordnung gegenüber, zeigen damit eine Korrespondenz der so eingeleiteten beiden Kapitel an.

gentlich eine erneute Situationsbeschreibung. Die auffällige Entsprechung der beiden Kapiteleingänge gewinnt nur dann Bedeutung, wenn auf diese Weise ein übergreifender Spannungsbogen sichtbar gemacht werden soll. Die Frage, mit der der Eingangsabschnitt des ersten Kapitels abgeschlossen wird, die Frage „und was für ein Weib ist das?" [266] ist bislang noch offen. Eine Beantwortung ist dem dritten Kapitel vorbehalten. Der auffällige Parallelismus, durch den der Eingangssatz des dritten Kapitels („Thamar, sie war's" [279]) und der Schlußsatz des ersten Kapitels („Juda - er war's" [274]) verbunden sind, drückt schon die tiefe Verwandtschaft aus, die Juda, den „Erwählten" [274], und Thamar verbindet, derer sich Thamar gerade in der Belehrung, die sie durch Jaakob erfährt, bewußt wird, einer Belehrung zugleich, die in ihr den Entschluß reifen läßt, sich in die Geschichte Israels einzuschalten und Stammutter des Shilo zu werden. Die Frage des Erzählers gegen Ende des ersten Kapitels „Wer aber war der Erwählte unter den Brüdern, von dem es kommen sollte?" [274] findet eine Spiegelung in der aus der Perspektive Thamars formulierten Frage „Wer war es? Über wessen Scheitel würde der Vater sein Horn erheben, daß er ihn zum Erben salbe?" [286]. Eine Antwort findet sie im Schlußsatz des dritten Kapitels. „Juda, er war der Erbe" [287].

In diesem Zusammenhang verdient überhaupt die bemerkenswerte Parallelität zwischen dem Schluß des ersten und dritten Kapitels Beachtung, wie sie durch eine synoptische Darstellung unschwer verdeutlicht werden kann (274 und 286f):

Erstes Kapitel	*Drittes Kapitel*
[1] „In Israel aber [...] war *ein* Haupt der Segenserbe vor den anderen [...] – und Joseph war tot. Auf einem ruhte die Verheißung [...]: daß von ihm das Heil kommen solle"	[1] „Ihn, der da kommen würde, nannte er Shiloh..."
[2] „daß von ihm das Heil kommen solle, für welches der Vater seit langem einen Namen suchte und einen vorläufigen gefunden hatte, den niemand kannte, außer dem jungen Weib, das zu	[2] „Thamar, das Weib, das ganz allein gewürdigt war, es zu hören, saß unbeweglich"

Jaakobs Füßen saß“	
[3] „Wer aber war der Erwählte unter den Brüdern, von dem es kommen sollte? Der Segensmann ...?“	[3] „Wer war es? Über wessen Scheitel würde der Vater sein Horn erheben, daß er ihn zum Erben salbe?“
[4] „Nicht Ruben [...]. Nicht Schimeon und Levi [...]. Diese drei waren verflucht [...] sie kamen in Wegfall“	[4] „Drei waren verflucht, der Liebling aber, der Sohn der Rechten war tot“
[5] „Und also mußte der Vierte es sein, der nach ihnen kam, Juda – er war's“	[5] „... das Horn, aus dem das Öl der Erwählung träufeln mußte auf den Scheitel des Vierten. Juda, er war der Erbe“

Es ist eine Antwort, die Thamar sich selbst an den Fingern ausrechnen konnte und wie sie entsprechend schon im Schlußsatz des ersten Kapitels gegeben ist. Indirekt wird auf diese Weise zum Ausdruck gebracht, daß in Thamars Hand die Fäden zusammenlaufen. Und so steht sie am Ende des dritten Kapitels als die „Entschlossene“ da. Damit ist die Basis für die zweite Dreiergruppe geschaffen.

Der Umbruch zwischen den beiden Hälften der Thamarerzählung kann eklatanter nicht sein. Während in den ersten drei Kapiteln die Zeit stehen zu bleiben scheint, gewinnt in der zweiten Hälfte das Erzählgeschehen unverkennbar an Dynamik. Ist es dort der Entwurf der Charaktere, so entfalten sie sich hier zum Leben. Dort der durch keinerlei Rede aufgebrochene Bericht des Erzählers, hier dagegen die im Fortgang des Erzählgeschehens mehr und mehr zunehmende Form der Wechselrede mit ihrer aus der persönlichen Wahrnahme der Erzählfiguren vermittelten Sichtweise. Der Jaakob zu Füßen sitzenden, seinen Belehrungen lauschenden Thamar steht mit Beginn des vierten Kapitels eine entschlossene, die Initiative energisch ergreifende, alle Möglichkeiten bedenkende, sich durch nichts beirren lassende Thamar gegenüber[48]. Die Lehrstunden Jaakobs

[48] Was am Ende des dritten Kapitels noch eher verhalten angedeutet ist, das ist zu Beginn des vierten Kapitels zu einem festen Entschluß gereift: „sich, koste es was es wolle, mit Hilfe ihres Weibtums in die Geschichte der Welt einzuschalten“ [287]. Als „Die Entschlossene“ der Kapitelüberschrift ist Thamar hier präsentiert. Und so verwundert es auch nicht, wenn Thamars Haltung zu Beginn der zweiten Hälfte

haben Thamar zu einer Frau reifen lassen, die um ihre Rolle in der Geschichte weiß, sich in die Geschichte auch aktiv einzuschalten versteht. Jaakob, der Thamar auf die Bahn gebracht hat, tritt in der zweiten Hälfte der Erzählung zunehmend in den Hintergrund und steht ganz im Schatten Thamars, die ihn für ihre Zwecke einzusetzen weiß. Ein übergreifender Spannungsbogen verknüpft das vierte und abschließende sechste Kapitel. „Eine Vor-Mutter Shilohs wollte sie sein“ [288] – dahin geht Thamars Streben. Um dieses Ziel zu erreichen, muß sie zunächst „hinabsteigen“, um sodann wieder „hinaufsteigen“ zu können [289]. Hierauf nimmt der Erzähler zu Beginn des sechsten Kapitels ausdrücklich Bezug [299], um das bevorstehende Erreichen des Zieles anzuzeigen. Die Institution der Schwagerehe, die ihr bei ihrem Vorhaben dient, ist – wie das fünfte Kapitel ausführt – bezeichnenderweise kein alter Brauch, sondern listigerweise von Thamar selbst zu diesem Zweck ersonnen, darin aber durchaus dem Astartischen ihres Wesens, wie es im zweiten Kapitel entfaltet wird, entsprechend. Mit dem Neben- und Ineinander beider Kompositionsprinzipien, durch die Kombination der Zahlen Zwei und Drei bestimmt, erscheint die Geschichte von Thamar als eine Geschichte voller Brechungen, die die Konturen des erzählten Geschehens verschwimmen, die Identität der auftretenden Personen mehrdeutig, ja unbestimmt werden läßt[49]. Das gilt insbesondere für die Gestalt

---

der Erzählung in geballter Form mit Begriffen wie „Entschlossenheit“, „fest entschlossen“, „unbedingter Entschluß“ charakterisiert wird, damit ein Stichwort aufnehmend, das zu Beginn der ersten Hälfte der Thamarerzählung mit Bedacht vom Erzähler schon eingeführt worden ist und das von da an Thamars Handeln in besonderer Weise kennzeichnet [289.293.298.305], wobei in der letztmaligen Nennung des Wortes „Entschlossenheit“ der Bogen zurück zum Anfang geschlagen wird („mit erstaunlicher Entschlossenheit“ [268] || „mit verblüffender Entschlossenheit“ [305]). Dem allein schon anhand des Stichwortes „Entschlossenheit“ greifbaren Wechsel im Bild der Thamar entspricht auf der Erzählebene die von allen anderen Kapiteln abweichende Erzähleröffnung mit „Von nun an“ [287].

[49] In der Art, wie die beiden jeweils mit Zahlenkombination Zwei und Drei gebildeten Strukturierungsmuster ineinandergreifen und nicht einfach nur nebeneinander stehen, eröffnen sich ganz unterschiedliche Lesemöglichkeiten und Verstehensperspektiven. Mit Hil-

der Thamar, die dem Leser nicht eigentlich nahekommt, sondern ihm bis zum Schluß rätselhaft bleibt.

3. „Thamar aber war ein Weib, war das Weib ..." – Die Rolle der Thamar

Wenn etwas von Thamar im Gedächtnis des Lesers haften bleibt, dann ist es das eindrucksvolle Bild, mit dem die Erzählung schließt. „Da steht sie, hoch und fast finster, am Hang ihres Heimathügels und blickt, eine Hand auf ihrem Leibe und mit der anderen die Augen beschattend ins urbare Land hinaus, über dessen Fernen das Licht sich in türmenden Wolken zu breit hinflutender Strahlenglorie bricht" [305]. Mehr „Schattenriß" [528] denn eine Gestalt von konkreter Individualität tritt Thamar dem Leser entgegen[50]. Nicht einmal mit Namen wird sie genannt, sondern

---

fe der Anordnungsmuster von dreimal zwei Kapiteln werden in der Abfolge zunächst Juda und Thamar jeweils für sich vorgestellt, abschließend sodann beider Paarung, aus der der künftige Segensträger hervorgeht, dargeboten, worauf die ganze Erzählung hinzielt. Demgegenüber rückt das Anordnungsmuster von zweimal drei Kapiteln vor allem die Rolle der Thamar in den Vordergrund, wobei im Hinblick hierauf zwei Phasen gegeneinander abgehoben werden – auf der einen Seite die Zeit der Reifung, da Thamar aufgrund ihrer Lehrstunden bei Jaakob zu einer Entschlossenen heranwächst (Kapitel 1–3), auf der andern Seite die Zeit des Handelns, da sie ihre Entschlossenheit zielstrebig in die Tat umsetzt (Kapitel 4–6). Auch wenn die Akzentsetzung je nach Wahl der Zahlenkombination – zwei mal drei oder drei mal zwei – eine andere ist, so vermittelt jedoch die Gesamtzahl der Kapitel, die Zahl sechs, den Eindruck der Geschlossenheit und entspricht darin jener von der Thamarerzählung selbst erzeugten Vorstellung einer geschlossenen, für sich bestehenden Episode, deren Bedeutung sich jedoch erst aus der großen Geschichte des Volkes wie der Menschheit erschließt, ebenso wie auch die (geschlossene) Zahl über sich hinaus auf die Zahl sieben und damit auf Zukünftiges verweist. Im Kontext derartiger zahlensymbolischer Konstruktionen wäre gewiß auch auf die Bedeutung der Siebenzahl für die Joseph-Romane hinzuweisen, nicht allein daß jeder der vier Romane aus jeweils sieben Hauptstücken besteht, sondern auch auf die programmatische Bedeutung des siebten Satzes des Vorspiels für die ganze Josephtetralogie (hierzu *H. Arens*, Analyse).

[50] In dieser Weise wird Thamar am Ende der Josephtetralogie charakterisiert, im Zusammenhang der „Sterbeversammlung", da Jaakob

nur allgemein als „das Weib" bezeichnet, damit beziehungsreich auf den Anfang der Erzählung zurückblickend. „Ein Weib saß zu Jaakobs Füßen [...], und was für ein Weib ist das?" [266]. Diese Frage, mit der der einleitende Abschnitt der Erzählung endet, findet nur scheinbar in dem sich anschließenden Satz „Ihr Name war Thamar" eine Antwort, steht vielmehr als Leitfrage über der ganzen Er-

---

seinen Segen verteilt: „Aber das Gegenlicht der beiden Öllampen [...] erlaubt uns doch, eine prägnante Gestalt dort draußen mit aller Bestimmtheit auszumachen: eine hagere Matrone in Schwarz [...], das graue Haar von einem Schleier bedeckt. Kein Zweifel, es war Thamar, die Entschlossene, mit ihren weidlichen Söhnen. [...] Auch ohne das Lampenlicht von hier drinnen wäre ihr stolzer Schattenriß vor dem halb regnerisch farbigen Abendhimmel uns nicht entgangen" [520]. Mit dieser Charakterisierung Thamars als „Schattenriß" wird nicht allein auf das Schlußbild des fünften Hauptstücks Bezug genommen, sondern zugleich der tiefere Zusammenhang, der zwischen der Thamarerzählung und dem Jakobsegen, näherhin hinsichtlich des Segensspruchs über Juda, besteht, ins Bewußtsein gerufen. Als Jaakob mit seinem Finger auf Juda weist, heißt es von ihm: „Ja, er war's, der Geplagte, [...] der keine Lust zur Lust hatte, aber sie zu ihm" [526], womit ein Anschluß geschaffen wird an die Präsentation Judas als des Erwählten („Juda – er war's" [274]) und zugleich als des Sünders („Ich habe keine Lust zur Lust, aber sie zu mir" [301]) geschaffen wird. Und daß mit der für Juda wie der ganzen Sterbeversammlung überraschenden Erwähnung der Verheißungsfigur des Schilo, des Helden („bis daß ‚der Held' käme, bis daß Schilo erschiene" [528]), beziehungsreich gerade auch, ein letztesmal, der Thamar gedacht wird („Unwillkürlich werfen wir einen Blick hinaus auf ihren Schattenriß – hoch aufgerichtet stand sie, in dunklem Stolz ..." [528]), erschließt sich gerade vor dem Hintergrund der eingeschalteten Thamarerzählung, in deren drittem Kapitel Jaakob vor Thamar, einzig vor ihr, seine Gedanken über den Verheißenen entwickelt. Unterstützt wird dieser Zusammenhang durch zitathafte Verknüpfungen („Der König saß auf seinem Stuhl und der Herrscherstab lehnte zwischen seinen Füßen, der sollte von dort nicht weichen, noch von ihm genommen sein, bis daß der Held käme, bis daß Schilo erschiene [...]. Von Juda sollte nicht die Gnade weichen, er sollte nicht sterben, sein Auge nicht auslaufen, ehe denn seine Größe übergroß würde, dadurch daß er aus ihm käme, dem alle Völker anhangen würden, der Friedensbringer, der Mann des Sternes" [528]||„der Friedensfürst und der Gesalbte [...], dem alle Könige sich beugen und alle Völker anhangen würden, und dem der Stuhl seines Königreiches sollte bestätigt sein ewiglich. Ihn, der kommen würde, nannte er Shiloh [...]: der Stern des Friedens. Das war Shilohs Stern ..." [286]).

zählung. So kann von ihr, die in Jaakobs Lehrstunden zur Teilhaberin seiner Gedanken bezüglich dessen, der da kommen wird, gemacht wird, genau an der Schnittstelle der beiden Hälften der Thamarerzählung – unter deutlicher Anspielung auf deren Beginn – gesagt werden: „Thamar aber war ein Weib, war das Weib, denn jedes Weib ist das Weib, Mittel des Falles und Schoß des Heils, Astarte und Mutter Gottes, und zu Füßen saß sie des Vatermannes ..." [286]. Wenn hierin in bezeichnender Verkürzung Sinnebenen greifbar werden, die sich in der Gestalt der Thamar vereinigen, so ist selbst damit eine Antwort auf die Frage des Anfangs „und was für ein Weib ist das?" nicht gegeben.

Etwas Geheimnisvolles ist um die Gestalt der Thamar von Anfang an. Bevor ihr Name das erste Mal fällt, ist es schon zu einer wenn auch recht unbestimmten Begegnung mit ihr gekommen, wobei nicht ihre individuelle, unverwechselbare Erscheinung im Blick ist, sondern ihre „entliehene" Identität, die sich mit Josef verbindet. Wenn ihr Wesen als „aus Strenge und geistlicher Strebsamkeit [...] und dem seelisch-körperlichen Geheimnis astartischer Anziehungskraft eigentümlich gemischt" [267] und ihr Gebaren als „zugleich anstößiges und großartiges, von tiefem Ernst getragenes" [268] charakterisiert wird, dann vermittelt das gerade keine Nähe, hält die Figur der Thamar geradezu auf Distanz, läßt sie unnahbar und fremd erscheinen, und stellt ihr Wesen damit als geheimnisvoll dar. Der Aspekt des Geheimnisvollen gewinnt im Fortgang der Erzählung fortschreitend an Bedeutung. „Nicht umsonst trat uns wiederholt und mit einem gewissen Eigensinn das Wort ‚Einschaltung' auf die Lippen [...]. Fiel nicht auch schon das Wort ‚Verführung' uns ein? Es wußte, warum. Es ist ein Losungswort ebenfalls" [268]. Zwei Stichworte begegnen hier schon, durch die ein bezeichnendes Licht auf den Fortgang der Erzählung fällt und die sich dem Erzähler aufdrängen. Auf diese Weise erscheint indirekt die Figur der Thamar als eine Gestalt, die sich durch ihren Eigensinn und ihre unbeirrbare Zielstrebigkeit auszeichnet[51].

[51] Die Einführung der beiden „Losungsworte" Einschaltung und Verführung im ersten Kapitel ist programmatisch zu nennen, wobei

Erst mit Beginn des dritten Kapitels gewinnt Thamar so etwas wie eine auch körperliche Präsenz. Vor allem sind es prägnante Einzelzüge, die ihr Plastizität verleihen. „Nie lehnte sie sich an, sie saß sehr aufrecht, auf einem Schemel [...], mit hohlem Rücken, gestreckten Hals, zwei Falten der Anstrengung zwischen ihren samtenen Brauen" [279]. Über die körperliche Erscheinung wird ein Einblick in den Charakter der Figur der Thamar vermittelt[52]. Entschlossenheit und Strenge, Entschiedenheit und Zielstrebigkeit zeichnen Thamar aus. Zweifellos ist sie eine schöne und faszinierende Frau, aber ihre Schönheit ist von besonderer Art, die ihr etwas Beunruhigendes, Beängstigendes gibt, wobei die Unruhe, die von Thamar ausgeht, geradezu als dämonisch bezeichnet werden kann[53]. Ihre Brauenfurchen, Ausdruck „angestrengter Bemühtheit um Wahrheit und

---

die Einschaltung „in die große Geschichte" [268] das Ziel, die Verführung das Mittel dazu ist. Zur Entfaltung kommen beide Begriffe erst mit Beginn der zweiten Hälfte der Thamarerzählung, da Thamar ihren Willen zur Einschaltung in die Geschichte entschlossen in die Tat umsetzt und sie aufgrunddessen als „ehrgeizig" bezeichnet werden kann [287] (leitmotivartig weitergeführt durch „Liebe des Ehrgeizes" [288], „Ehrgeiz-Liebe" [288], „Ehrgeiz" [289], „geschichtlicher Ehrgeiz" [293], „astartisch gerüsteter Ehrgeiz" [296]). Die Verführungskunst gehört zu ihrer Rolle („die Bestrickende spielte sie und hurte am Wege, um nur nicht ausgeschaltet zu werden, und erniedrigte sich rücksichtslos, um sich zu erhöhen ..." [268]; vgl. auch 288 [„willentlich spielen lassen zu Juda hinüber"], 289 [„ließ sie ihr Astartisches spielen gegen den jungen Menschen"] und 301 [„das Schleiergewand der Bestrickenden"]), die sie gezielt einsetzt, um ihr Ziel zu erreichen, nicht nur Juda gegenüber, sondern schon bei Jaakob, dessen leichte Verliebtheit sie auszunutzen weiß [279.285.290. 292].

52 Hierzu *H. Maync-S. Singer*, Sprache.

53 „Sie war schön auf ihre Art, nämlich nicht hübsch und schön, sondern schön auf eine strenge und verbietende Art, also, daß sie über ihre eigene Schönheit erzürnt zu sein schien, und das mit Recht, denn etwas Behexendes war daran, was den Mannsbildern nicht Ruhe ließ [...]. Sie war groß und fast mager, von einer Magerkeit aber, die mehr Unruhe hervorrief als noch so reichliche Fleischesform, so daß die Unruhe eigentlich nicht des Fleisches war, sondern dämonisch genannt werden mußte. Sie hatte bewundernswert schöne und eindringlich sprechende braune Augen, fast kreisrunde Nasenlöcher und einen stolzen Mund" [279].

Heil" [280], kennzeichnen Thamar als eine Sucherin. Ob der eigenartigen, als dämonisch zu bezeichnenden Mischung von Körperlichem und Geistigem, jener eigenartigen Mischung „aus Strenge und geistlicher Strebsamkeit [...] und dem seelisch-körperlichen Geheimnis astartischer Anziehungskraft" [267], geht von Thamar nicht nur Unruhe aus, sondern sie selbst ist beherrscht von einer „höheren Unruhe [...], die sie trug" [280][54]. Durch die leitwortartige Dichte des Wortes „Unruhe" rückt die unmittelbar folgende Belehrung durch Jaakob in einen vorgezeichneten Erwartungshorizont.

Durch Jaakob belehrt, der sie die Welt erlernen läßt, indem er vor ihr in zuweilen kühner Verkürzung jene im Genesisbuch erzählten Geschichten – vom „Tohu und Bohu" des Anfangs [281] bis hin zu jenem messianischen Friedensfürsten der Zukunft, Shilo genannt[55] – ausbreitet, und dem sie in geradezu atemloser Aufmerksamkeit lauscht[56], weiß Thamar um die Heilsgeschichte und ihre Rolle darin. Dieses Wissen, dessen einzig sie, nicht einmal der „Erwählte" Juda gewürdigt wird, macht sie aus einer Hörenden zu einer entschlossen Wollenden („Kaum war sie be-

---

[54] Nicht weniger als siebenmal begegnet zu Beginn des dritten Kapitels das Wort „Unruhe", wozu ergänzend die verbalen Wendungen „nicht Ruhe lassen" [279] und „beunruhigen" [280] hinzutreten.

[55] Indem Shilo allein zehnmal Erwähnung findet, bekommt das „Einst der Zukunft", das dem „Einst der Vergangenheit" entspricht [284], für Thamar nicht bloß einen konkreten Namen, sondern in dieser Gestalt findet Thamars Unruhe einen beruhigenden Halt.

[56] Das die gebannte und reglose Aufmerksamkeit der Thamar veranschaulichende Bild, „daß die silbernen Ohrringe zu seiten ihrer vertieften Wangen herniederhingen, ohne zu schaukeln" [280], erfährt bezeichnenderweise da, wo Jaakob sie – sie allein – in das Geheimnis Shilohs einweiht, eine Wiederaufnahme („... saß unbeweglich; man hätte nun auch bei genauestem Hinsehen kein leisestes Schaukeln ihrer Ohrringe mehr feststellen können" [286]), womit zugleich die „Geschichten" Jaakobs kompositorisch eine Verklammerung erfahren. Mit entsprechenden kommentierenden Einträgen, die Thamars Anteilnahme an dem von Jaakob Berichteten anzeigen, wird so immer wieder auch Jaakobs Lehrstunde unterbrochen („So hörte sie's. Sehr folgeklar war es nicht, vielmehr geheimnisvoll und dazu großartig wie Jaakob selbst, der es kündete" [281]), wobei Thamars Aufmerksamkeit mehr und mehr auf den erwählten Erben, Shiloh nämlich, auf den hin das Darstellungsgefälle geht, gelenkt wird.

lehrt, so wollte sie [...]. Sie wollte nicht abseits wimmeln. Recht auf die Bahn wollte dies Landmädchen sich bringen, die Bahn der Verheißung [...]. Eine Vor-Mutter Shilohs wollte sie sein" [287f]). Ihr Wollen setzt sie sogleich in die Tat um, wobei sie es in vollkommener Weise versteht, ihre Rolle in der Geschichte zu spielen. Einmal durch die Bildung, die sie von Jaakob erfahren hat, auf die Bahn gebracht [291], läßt Thamar sich nicht mehr ausschalten aus der Linie der Verheißung. Mit einer selbst Jaakob verblüffenden und zugleich erschrocken machenden Energie („Jaakob war höchlichst überrascht [...]. Drittens aber, er wußte nicht warum, war ihm leise grausig zumute bei dieser ganzen Geschichte" [291f]) verfolgt sie ihr Ziel. Indem sie nicht nur in verschiedene Rollenschemata zu schlüpfen weiß, sondern darüber hinaus sich auch beziehungsreiche Situationen zu schaffen versteht („Am selben Platze tat sie es, im Zelt, wo Joseph den Alten einst ums bunte Kleid beschwatzt" [290]), inszeniert sie ihr eigenes Schicksal, dabei nicht versäumend, die Institution der Schwagerehe zu begründen („Es war die Schwagerehe, die da auf Thamars Betreiben gegründet wurde, eine geschichtliche Sache. Dies Landmädchen hatte nun einmal einen Trieb zum Geschichtlichen" [295]). Die Botschaft, die Thamar Juda am Ende überbringen läßt, das letzte Wort Thamars innerhalb der Erzählung überhaupt, ist ein Wort von selbstbewußter Überlegenheit: „Denn siehe: ich bin die Frau nicht, die sich vertilgen läßt samt ihrem Sohn vom Erbe Gottes!" [304]. Das Weitere ist nicht mehr Teil dieser Geschichte, sondern „liegt weit dahinten in offener Zukunft und gehört der großen Geschichte an, von der die Geschichte Josephs nur eine Einschaltung ist" [305].

III

„Sie war gerecht, nicht ich“ – Die Geschichte der Thamar im Rahmen des Genesisbuches

Sobald zu Beginn der Thamarerzählung Thomas Manns erstmals der Name Thamar gefallen ist, mischt sich der fiktive Erzähler selbst in das Erzählgeschehen ein und tritt mit dem gleichfalls fiktiven Leser in ein Gespräch ein. „Wir sehen uns um unter den Gesichtern der Zuhörer und bemerken nur auf sehr wenigen, auf ganz vereinzelten nur, die Erhellung des Wissens. Offenbar sind der großen Mehrzahl derer, die sich eingefunden haben, die genauen Umstände dieser Geschichte zu erfahren, nicht einmal ihre Grundtatsachen bekannt oder erinnerlich. Wir sollten das tadeln – wenn nicht die öffentliche Unwissenheit dem Erzähler auch wieder recht sein müßte und ihm zustatten käme, da sie die Wichtigkeit seines Geschäftes steigert. Ihr wißt also wirklich nicht mehr, habt es eures Wissens niemals gewußt, wer Thamar war?“ [266]. Diese Erzählereinmischung[57] enthält unverkennbar auch einen gewissen Tadel gegenüber der biblischen Thamarerzählung, vermittelt sie allem Anschein nach kein hinreichendes Wissen hinsichtlich der Geschichte der Thamar. Zugleich sieht der Leser sich damit auch herausgefordert, sich mit der Thamar der biblischen Überlieferung auseinanderzusetzen, die Thomas Mann als Vorlage seiner Interpretation dieser Gestalt gedient hat und deren Geschichte auf ihre Weise ebenfalls als eine Einschaltung im größeren Erzählzusammenhang des Genesisbuches angesehen werden kann.

---

[57] Hierzu insbesondere *J. Hohmeyer*, Studien, bes. 18–37 und *Ch. Jäger*, Humanisierung, 132–146.

1. Gen 38 – Eine eingeschaltete Erzählung

Daß Gen 38 an der vorliegenden Stelle im Rahmen der Josefsgeschichte „irgendwie fehl am Platze ist“[58], kann als Gemeinplatz der Forschung angesehen werden. Die in der Tat schwierige Position der Thamarerzählung im vorliegenden Erzählzusammenhang hat viele Kommentatoren Gen 38 als eine Einfügung innerhalb des größeren Zusammenhangs der Joseferzählung sehen lassen[59]. Beispielhalber sei hier nur Gerhard von Rad genannt. „Daß die Erzählung von Juda und Thamar ursprünglich mit der in sich so straff gefügten Josephsgeschichte, in deren Anfang sie jetzt eingefügt ist, keinerlei Verbindung hatte, sieht jeder aufmerksame Leser.“[60] Entsprechend wird Gen 38 häufig als „eine in sich abgeschlossene Einzelerzählung“ verstanden[61], ohne hierbei aber hinreichend den literarischen Verbindungslinien zum unmittelbaren Textzusammenhang Rechnung zu tragen[62]. Die im Blick auf Gen 38 zu konstatierende Spannung zwischen Eigenständigkeit und Eingebundensein in einen bestehenden literarischen Rahmen fordert deshalb ein Bedenken eben dieser Einbindung der Erzählung von Thamar in den vorliegenden Erzählrahmen, aber auch ihrer Stellung in diesem heraus. Der Eindruck, wonach Gen 38 wie ein „episodisches Einschiebsel“ oder „Fremdkörper“ wirke[63], hängt nicht zuletzt damit zusammen, daß der Eingangssatz von Gen 39 gezielt auf den

---

58 *E. Salm*, Juda, 19.

59 Zum hier angesprochenen Problem vgl. demnächst die ausführlichere Darstellung bei *P. Weimar*, Einschaltung.

60 *G. von Rad*, Genesis, 291. – Einen knappen Überblick über die forschungsgeschichtlichen Positionen gibt *E. Salm*, Juda, 20–25.

61 *C. Westermann*, Genesis III, 42. – Vgl. auch *J.A. Soggin*, Judah, 281: “Within the Story of Joseph, the episode of Judah and Tamar is obviously an independent literary unit. It does not connect in any way with the adventures of Joseph, and its relations to the remaining patriarchal are very tenuous.”

62 Hierzu etwa *U. Cassuto*, Story of Tamar, 29–40; in jüngerer Zeit hat die damit angezeigte Spannung verschiedentlich Beachtung gefunden (vgl. etwa *E.M. Menn*, Judah, 75–78; *G. Fischer*, Josefsgeschichte, 245f; *F.W. Golka*, Joseph, 19ff und 68; *R.J. Clifford*, Genesis, 38; *J. Ebach*, Genesis 37–50, 119f).

63 *E. Salm*, Juda, 25.

Schlußsatz von Gen 37 (einschließlich V. 25 und 28) zurückgreift und damit den Anschein eines unmittelbaren Zusammenhangs beider Kapitel erweckt[64]. So unbestreitbar die Annahme einer Brückenfunktion von Gen 37,36 und 39,1 auch ist, so wenig kann Gen 39,1 aber als „Fortsetzung von [Gen] 37, 28"[65] bzw. als unmittelbare Weiterführung von Gen 37,36 (Midianiter || Ismaeliter) verstanden werden. Offenkundig setzen die Gen 38 umklammernden Aussagen Gen 37,36 und 39,1 eine Einfügung des dazwischen eingeschalteten Kapitels schon voraus, legen damit aber zugleich unausweichlich die Annahme nahe, daß die Einblendung von Gen 38 an der vorliegenden Stelle in den Erzählzusammenhang jedenfalls nicht als eine Verlegenheitslösung anzusehen, sondern ganz gezielt vorgenommen worden ist[66]. Keineswegs wird man so der Thamarerzählung eine nur mangelhafte oder gar gänzlich zu vermissende Einbindung in den literarischen Zusammenhang vorwerfen können. Gezielt angebrachte Querverbindungen zu den beiden Nachbarkapiteln, vor allem zu Gen 37, sind unübersehbar und geben zugleich einen Hinweis auf die hierbei beabsichtigten Zusammenhänge.

Daß mit Gen 39 ein erzählerischer Neuauftakt innerhalb der von Josef handelnden Geschichte gegeben ist, läßt sich

---

64 Zum Phänomen vgl. hier nur *C. Westermann*, Genesis III, 56f. – Da sich die vorliegende Darstellung primär an den bestehenden literarisch-kompositorischen Zusammenhängen innerhalb des Genesis*buches* interessiert zeigt, kann eine literargeschichtlich differenzierte Charakterisierung der thematischen Verbindungslinien im ganzen unbeachtet bleiben.

65 So *J.A. Soggin*, Genesis, 456.

66 Die beiden Aussagen Gen 37,36 und 39,1 heben sich je auf ihre Weise aus dem jeweiligen Erzählzusammenhang heraus (zu Gen 37,36 vgl. *P. Weimar*, Josefsgeschichte, 44f Anm. 65), wobei die Feststellung eines Verkaufs des Josef nach Ägypten in Gen 37,36 einen Spannungsbogen herstellt zu der thematisch damit verbundenen, den Beginn einer neuen Erzählbewegung anzeigenden Aussage von Gen 39,1. Nicht allein angesichts der Gen 38 rahmend verklammernden Aussagen Gen 37,36 und 39,1 wird das Kapitel als Teil des bestehenden literarischen Zusammenhangs vorauszusetzen sein. Literarisch erfährt die (unter einem literargeschichtlichen Aspekt hier sekundär eingefügte) Erzählung von Juda und Thamar eine mittels des Stilmittels der Rahmung entschiedene Hervorhebung.

nicht übersehen[67]. Die immer wieder konstatierte, nicht zuletzt durch die betonte Herausstellung des „Mitseins JHWHs" (Gen 39,2f und 21ff) wie des göttlichen Segens (Gen 39,8) akzentuierte Sonderstellung des Kapitels läßt dessen programmatische Bedeutung für den Fortgang der Erzählung hervortreten[68]. Indem mit Gen 39, wie anhand der äußeren Rahmenteile Gen 39,1–4 und 21–23 erkennbar wird, der Tiefpunkt der Lebensgeschichte des Josef erreicht ist[69], zugleich aber nachdrücklich festgehalten wird, daß JHWH mit ihm war und alles in seiner Hand gelingen ließ (Gen 39,3 und 23), ist die weitere Erfolgsgeschichte des Josef schon vorgezeichnet. Entsprechend gezielt werden dem Leser literarische Zusammenhänge erschlossen. Näherhin eröffnet sich von Gen 39 her ein zweifacher Spannungsbogen, ein engerer, der – angestoßen durch die Präsentation Josefs als „Mann des Gelingens" (Gen 39,2) – mit der Feststellung, wonach die ganze Erde zum Getreidekauf zu Josef nach Ägypten kommt (Gen 41,57), abgeschlossen wird und dementsprechend Gen 39–41 umfaßt, sowie ein weiterer, dessen Eckpfeiler durch die das Schicksal der beiden Rahelsöhne Josef und Benjamin zueinander in Beziehung setzenden gegenläufigen Aussagen Gen 39,1 („Josef aber war nach Ägypten *hinabgebracht* worden") und 44,33f („... und der Knabe [Benjamin] *gehe hinauf* mit seinen Brüdern! Denn wie könnte ich *hinaufgehen* zu meinem Vater, und der Knabe ist nicht mit uns!") bestimmt ist und so bis Gen 44 reicht[70]. Bezeichnenderweise markiert den Abschluß der Gen 39–44 umfassenden Erzählfolge eine großangelegte Rede Judas (Gen 44,18–34), mit der die Schuld der Brüder Josef gegenüber eine umfassende und weitreichende Aufarbeitung erfährt[71].

---

67 *P. Weimar*, Spuren, 22f.

68 Hierzu die weiterführenden Überlegungen bei *P. Weimar*, Geschichte und *J. Ebach*, Genesis 37–50, 158ff.166ff.

69 *H.J. Boecker*, Überlegungen, 16 und *Ders.*, Josefsgeschichte, 37.

70 Vgl. auch *G.Fischer*, Josefsgeschichte, 247ff.

71 Hierzu *P.Weimar*, Bewegende Rede, 125–144. – Ist die hier vertretene Annahme eines großkompositionellen Einschnitts zwischen Gen 44 und 45 zutreffend, dann legt sich eine Eingrenzung des abschließenden Kompositionsteils im Rahmen der Komposition des Genesisbuches mit Gen 45–50 nahe, eine Annahme, die sich nicht

Indirekt hat sich damit zugleich eine Perspektive aufgetan hinsichtlich der Einbindung von Gen 38 in den Rahmen des Genesisbuches. Auch wenn die beiden Nachbarkapitel Gen 38 und 39 aufgrund motivlicher Entsprechungen (sexueller Übergriff von Thamar bzw. Potiphars Frau) zueinander in Beziehung gesetzt erscheinen[72], fehlen bezeichnenderweise verbale Verknüpfungselemente (ausgenommen allein das Vorkommen der Wurzel *jrd* [„herabsteigen"] in Gen 39,1), was den Eindruck eines kompositionskritisch markierten Einschnitts zwischen Gen 38 und 39 nur noch zu bekräftigen vermag. Demgegenüber gibt es deutliche Hinweise, die für eine Zusammengehörigkeit der beiden Kapitel Gen 37 und 38 sprechen[73]. Neben der Eröffnungsfloskel „Und es geschah zu jener Zeit" in Gen 38,1aα, deren Bedeutung darin gesehen werden könnte, „nach einer Abschweifung oder Episode ... zu einem frühe-

zuletzt auch aufgrund der durch die beiden „Versöhnungsszenen" Gen 45,1–15 und 50,15–26 erreichten Verklammerung empfiehlt (im einzelnen *P. Weimar*, Funktion, 163–220). Nicht allein unter thematischem Aspekt lassen sich dabei mit Gen 45–47 und 48–50 zwei Erzählblöcke gegeneinander abheben, deren erster das Niederlassen Jakobs und seiner Söhne in Ägypten und damit die Vereinigung der Jakobsippe zum Gegenstand hat, deren zweiter dagegen in Verbindung mit dem langen Sterben Jakobs und der Kündung seines Testaments die Vorstellung von den Jakobsöhnen als einer solidarischen Gemeinschaft vermittelt. Eine zentrale Position innerhalb von Gen 48–50 kommt dabei nicht zufällig dem Vermächtnis Jakobs in Gen 49 zu, innerhalb dessen mit Bedacht gerade die Sprüche über Juda und Josef den breitesten Raum einnehmen. Die Hervorhebung Judas neben Josef wird nicht zuletzt mit seiner Position als Sprecher der Brüder, wie sie in Gen 44 in Erscheinung tritt, in Verbindung zu bringen sein, insofern bemerkenswert, als damit gegen Ende der beiden das Genesisbuch beschließenden Kompositionsteile die Gestalt des Juda nachdrücklich ins Zentrum der Aufmerksamkeit gerückt wird, was um so auffälliger ist, als Juda eben nicht der Erstgeborene der Jakobsöhne ist.

[72] Vgl. *E.M. Menn*, Judah, 77f.

[73] Die Zusammengehörigkeit beider Kapitel wird von *G. Fischer*, Josefsgeschichte, 244.246 gar als „Doppelexposition" gekennzeichnet (aufgenommen bei *J. Ebach*, Genesis 37–50, 119). – Zur engen kompositorischen Zusammengehörigkeit von Gen 37 und 38 vgl. auch die Übersicht bei *J.R. Huddlestun*, Divestiture, 48ff.

ren Zeitpunkt zurück[zu]kehren"[74], ist vor allem auf das beiden Erzählzusammenhängen gemeinsame Motiv des „Herabsteigens [*jrd*]" (Gen 37,25.35‖38,1) sowie die verbalen Verbindungslinien zwischen Gen 37,31–33 und 38, 25+26 („sie *schickten hin* den langen Rock und brachten ihn zu ihrem Vater *und sprachen*: [...] *Erkenne doch* [...]! *Und er erkannte ihn und sprach*" ‖ „Und sie *schickte hin* zu ihrem Schwiegervater [...] *und sprach*: *Erkenne doch* [...]! Und Juda *erkannte es und sprach*") hinzuweisen[75]. Allein schon aufgrund der angezeigten, im einzelnen sich keineswegs hierauf beschränkenden Entsprechungen kann im Blick auf die beiden Nachbarkapitel 37 und 38 von einer gezielt hergestellten Verknüpfungsstrategie ausgegangen werden, die offensichtlich in Verbindung gebracht werden darf mit jener für die Komposition von Gen 37 verantwortlichen späten Redaktionsschicht, der sich auch die Einfügung der Notiz Gen 37,32aα („und sie schickten hin den langen Rock") verdankt[76]. Da in ihr in Konkurrenz und Überbietung Rubens die Gestalt des Juda und damit zu-gleich seine durchaus zwielichtig erscheinende Rolle beim Verkauf Josefs herausgestellt wird, ist die Vermutung mehr als naheliegend, daß die so geschehende Heraushebung Judas gerade mit Blick auf Gen 38 geschehen ist, eine Vermutung, die sich nicht zuletzt auch deswegen empfiehlt, als gerade die Judapassage Gen 37,25–27 zu Gen 38 in Beziehung tritt (vgl. „Und es sprach *Juda zu seinen Brüdern*" [Gen 37,26a] ‖ „Und es stieg hinab *Juda von seinen Brüdern*" [Gen 38,1aβ] bzw. „unser Bruder" [Gen 37,26bα und 27aβ] ‖ „dein/sein Bruder" [Gen 38,8aβb. 9aβ]). Indem der wechselseitige Bezug der beiden Nachbarkapitel Gen 37 und 38 insbesondere über die Figur des

---

[74] *B. Jacob*, Genesis, 486.

[75] Zu den Verbindungslinien zwischen Gen 37 und 38 vgl. etwa *U. Cassuto*, Story of Tamar, 30f; *R. Alter*, Art, 3–11; *J.P. Fokkelman*, Genesis 37 and 38, 152–187; *E. Menn*, Judah, 76f; *F.W. Golka*, Joseph, 20f.

[76] Zur Analyse von Gen 37 vgl. *P. Weimar*, Erwägungen sowie *Ders.*, Gen 37.

Juda läuft, wird hierin auch der tiefere Grund für die Zuordnung beider Kapitel zu suchen sein[77].
Die nahezu allgemein anerkannte Sonderstellung von Gen 38 innerhalb des Rahmens der Josefsgeschichte, die das Kapitel wie eine Einschaltung erscheinen läßt, hebt nicht zuletzt aufgrund der damit angezeigten Unterbrechung des Erzählgeschehens die Bedeutung des hier Erzählten für den Fortgang der Josefsgeschichte hervor. Auf äußerst subtile Weise wird das Schicksal Judas zu dem des Josef in Beziehung gesetzt[78]; darüber hinaus erfährt die Gestalt Judas eine auch großkompositionell bedeutsame Gewichtung, besonders daran erkennbar, daß die Schlüsse der abschließenden drei Kompositionsteile des Genesisbuches eine judaorientierte Zuspitzung erfahren haben[79]. Angesichts der wenn auch nicht offen ausgesprochenen Schuld, die Juda beim Verkauf des Josef auf sich geladen hat (Gen 37,26+27)[80], kommt Gen 38 die Funktion zu, den sonst un-

---

77 Darüber hinaus ist zugleich ein Hinweis gegeben hinsichtlich der literargeschichtlichen Einordnung der Einschaltung von Gen 38. Da nämlich jene Redaktionsschicht in Gen 37, die die Sprecherrolle Judas gegenüber der Rubens akzentuiert, erst als nachpriesterschriftlich zu kennzeichnen und mit der für die Formation des Genesis*buches* verantwortlichen Bearbeitungsschicht zu verbinden ist, wird auch die Integration von Gen 38 in den vorliegenden Textzusammenhang des Genesisbuches hiermit in Verbindung zu bringen sein und keineswegs früher angesetzt werden dürfen (zur kontroversen Diskussionslage vgl. insbesondere *H.-Ch. Schmitt*, Josephsgeschichte, 301f).

78 Hierzu näherhin *E.M. Menn*, Judah, 78ff.

79 Zu den entsprechenden kompositorischen Zusammenhängen vgl. die verschiedenen, im einzelnen jedoch zu vertiefenden bzw. zu präzisierenden Beobachtungen bei *P. Weimar*, Spuren, 31ff; außerdem auch *Ders.*, Funktion, 164–205 sowie *Ders.*, Bewegende Rede, 641ff.

80 Vgl. insbesondere die Charakterisierung der Handlungsweise Judas im Gegenüber zum Rettungsversuch des Ruben bei *I. Willi-Plein*, Aspekte, 60: „Hier tritt Juda auf. Sein Vorschlag, der sofort allen einleuchtet, ist im Gegensatz zu Rubens Eingreifen ziemlich zwielichtig. Er will Josef unter Umgehung der Blutschuld sozusagen auf saubere Art beseitigen. Wie dubios diese Lösung ist, geht daraus hervor, dass Ruben an seinem Rettungsvorhaben festhält"; zustimmend *H.J. Boecker*, Josefsgeschichte, 64. Die Bedenklichkeit des von Juda gemachten Vorschlags tritt erst recht hervor, wenn bedacht wird, daß „auf solche Freiheitsberaubung (גנב) zwecks Verkauf (מכר) in die Sklaverei [...] laut Bundesbuch die Todesstrafe" steht (*W. Dietrich*,

verständlich bleibenden Wandlungsprozeß, der mit Juda vor sich geht, einsichtig werden zu lassen[81], ein Wandlungsprozeß, der seinen Kulminationspunkt in der die vergangene Schuld aufarbeitenden großen Judarede Gen 44,18–34 erreicht[82]. Mit dieser Rede des Juda, die ebenso wie das Doppelkapitel Gen 37+38 einen markanten Einschnitt innerhalb des Erzählgefüges des Genesisbuches anzeigt, wird der Weg zu einer Versöhnung der Brüder untereinander und mit Josef bereitet und damit ein Gegenakzent gegenüber dem vor allem in Gen 37 angezeigten, auf mehreren Ebenen sich manifestierenden Zerbrechen der Jakobfamilie gesetzt[83]. Zu Ende gebracht wird der mit Gen 37+38 angestoßene Spannungsbogen aber erst mit den prominent herausgestellten, Jakob auf dem Sterbebett in den Mund gelegten „Testament-Sprüchen" in Gen 49[84], die

---

Josephserzählung, 20). In diesem Zusammenhang kann die zweimalige Kennzeichnung Josefs als „unser Bruder" (Gen 37,26bα und 27bβ) nur als eine Art ironischer Kommentar bezeichnet werden, zumal wenn diese Charakterisierung im Munde Judas vor dem Hintergrund der Absichtserklärung des Josef selbst: „Meine Brüder suche ich" (Gen 37,16a) gehalten wird. Im übrigen wird auch zu bedenken sein, daß Juda „sich nicht wie Ruben, obgleich dessen Worte auch auf ihn nicht ohne Eindruck geblieben sind, an das Gefühl, sondern den Verstand" wendet (*B.Jacob*, Genesis, 706).

81 Vgl. hierzu v.a. *G. Fischer*, Josefsgeschichte, 245f.

82 Hierzu näherhin *P. Weimar*, Bewegende Rede.

83 Daß sich die in Gen 37 geschilderte Konfliktsituation auf das Gegenüber von Josef und seinen Brüdern beschränkt, wie mit bezeichnender Verkürzung häufig eine entsprechende Charakterisierung in der Kommentarliteratur lautet (vgl. beispielshalber nur *H.J. Boecker*, Josefsgeschichte, 13), greift m.E. bei weitem zu kurz, insofern neben der zweifelsohne gegebenen Konfliktkonstellation Josef – Brüder nicht allein an die mehr als spannungsgeladene Beziehung zwischen den Leasöhnen und den Söhnen der Bilha und Silpa zu denken ist (vgl. den Ausdruck „Nachrede über sie, die böse war" [Gen 37,2b]; zur Interpretation *B. Jacob*, Genesis, 696; vgl. jetzt auch *J. Ebach*, Genesis 37–50, 52f.58f), sondern auch an die aufgeladene Atmosphäre im Verhältnis der Söhne zu ihrem Vater, schließlich aber auch an die Konkurrenz zwischen Ruben und Juda, bei der es letztlich um die Führungsrolle unter den Brüdern geht, mit der Folge, daß Juda „von seinen Brüdern hinabgeht" (Gen 38,1aβ).

84 So *G. Fischer*, Josefsgeschichte, 256 unter Rückgriff auf *R. de Hoop*, Genesis 49, 315 u.a.

angesichts ihrer Inszenierung geradezu als Gegenbild zu Gen 37+38 angelegt sind[85], hiermit nicht allein das Schicksal teilend, wie Gen 38 ein Einschub innerhalb der Josefsgeschichte zu sein[86], sondern wie dort gleichermaßen die Gestalten von Juda (Gen 49,8–12) und Josef (Gen 49,22–26) hervortreten lassend[87]. Erschließt sich angesichts der so deutlich in Erscheinung tretenden Bezüge die tiefere Bedeutung von Gen 38 für die Komposition der Josefsgeschichte als Teil des Genesisbuches, dann besteht das gängige Urteil, wonach es sich bei diesem Kapitel um einen gegenüber dem literarischen Zusammenhang herausgehobenen Einschub handele, zumindest im Blick auf die literarische Endgestalt des Genesisbuches kaum zu Recht[88], wenn auch auf der anderen Seite nicht zu verkennen ist, daß der sich geradezu aufdrängende Eindruck, daß Gen 38

---

[85] Wird in Gen 37+38 mit Nachdruck die räumliche Distanz der Söhne allgemein (Hebron → Sichem → Dotan [Gen 37,12–17]) bzw. insonderheit des Juda (Abdullam – Kesib – Timna – Enajim [Gen 38]) von Jakob herausgestellt, eine Distanz, die noch zusätzlich dadurch verstärkt wird, daß die Brüder Josefs Rock nicht selbst hinbringen, sondern hinsenden (unter Berücksichtigung, daß das einleitende Satzelement in Gen 37,32aα [„und sie sandten hin den langen Rock"] eine schlußredaktionelle Ergänzung ist; zur Diskussion der Deutungen *C. Westermann*, Genesis III, 35f sowie jüngst *J. Ebach,* Genesis 37–50, 108), so erscheinen die Söhne in Gen 49 allesamt um das Sterbelager des Vaters versammelt. Machen sich nach Gen 37,34b+35 die Söhne und Töchter Jakobs erst nach vielen Tagen auf, um ihm Trost zu spenden, versammeln sie sich angesichts seines bevorstehenden Todes sogleich, um seine testamentarischen Verfügungen zu hören. Dem in Gen 37,35b mitgeteilten Beweinen des Josef durch seinen Vater wird in Gen 50,1 das Beweinen des Vaters durch den Sohn gegenübergestellt.

[86] Hier sei nur auf *F.W. Golka*, Juda, 19–26 verwiesen.

[87] Zur Ausrichtung von Gen 37+38 wie von Gen 49,1–28 jeweils auf Juda und Josef vgl. *P. Weimar*, Spuren, 32f. – Entsprechend der judaorientierten Bearbeitungsschicht in Gen 37+38, für die eine erst nachexilische Herkunft als naheliegend anzusehen ist, ist eine entsprechende literargeschichtliche Einordnung gleichfalls für Gen 49,2–27 vorauszusetzen (hierzu nur die bei *P. Weimar*, Spuren, 32 Anm. 50 genannte Literatur).

[88] Auf das Problem hat nachdrücklich *F.W. Golka*, Juda hingewiesen, wenn auch das hier angesprochene Problem im einzelnen einer differenzierteren Behandlung bedarf.

in seiner Umgebung wie ein Fremdkörper anmute, ein nicht zu übersehender Hinweis dahingehend ist, daß das hier eingeschaltete Kapitel nicht von Anfang an Teil der Josefsgeschichte gewesen ist, sondern eine eigene, davon abgetrennte Geschichte gehabt hat[89]. Die Bedeutung der betont judaorientierten Zuspitzung, wie sie für die vorliegende Komposition der Josefsgeschichte maßgebend ist, hängt zweifelsohne mit der herausragenden Rolle des Juda für die künftige Geschichte Israels zusammen. Nach der Gen 38 abschließenden Genealogie (Gen 38,27–30) werden dem Juda durch Thamar – wie sollte es anders sein! – Zwillinge geboren: Perez und Serach, wobei Perez dem Serach den Anspruch der Erstgeburt nimmt[90]. Perez aber ist – wie sich aufgrund der Zusammenschau mit Rut 4,18–22 nahelegt – der Ahnherr Davids. Damit eröffnet sich zugleich eine bedeutsame Perspektive für die Einfügung von Gen 38 an der vorliegenden Stelle im Rahmen der Komposition des Genesisbuches: „bevor eine Knechtschaft beginnt, wird schon der Erlöser geboren. Mit der Hinabführung Josephs beginnt die Knechtschaft Israels in Ägypten, Perez ist der Stammvater des messianischen Königs.

[89] Wird man angesichts der Verknüpfungsstrategien im Hinblick auf eine Integration von Gen 38 in den literarischen Zusammenhang auch keineswegs von einem „Betriebsunfall" sprechen können, so wird man sich auf der anderen Seite aber auch nicht dem so oder ähnlich geäußerten Urteil verschließen können: „Die Geschichte Tamars gehörte nicht zur Josefsgeschichte" (*H.J. Boecker*, Josefsgeschichte, 95). Dafür spricht gleichermaßen, daß „die Juda-Tamar-Erzählung von Gen 38 [...] eindeutig die Josephsgeschichte" unterbricht (*L. Schmidt*, Studien, 127), wobei die „Abschweifung" durch Gen 38 ein um so größeres Gewicht hat, als mit Gen 37 die Josefsgeschichte gerade erst eröffnet worden ist, wie die nicht zu übersehende (zumindest weitgehende) „Geschlossenheit des Handlungsbogens" (*E. Blum*, Komposition, 224) von Gen 38 zu erkennen gibt. Beide Beobachtungen zusammen sprechen nachhaltig dafür, daß man Gen 38 „doch wohl als eine unabhängige und in sich geschlossene Erzählung [wird] verstehen müssen [...], die nachträglich – allerdings recht geschickt [...] – in den Zusammenhang der Josephsgeschichte eingefügt ist" (*H.-Ch. Schmitt*, Josephsgeschichte, 80 Anm. 390).

[90] Selbst im Motiv der Bevorzugung des jüngeren Sohnes vor dem älteren macht sich eine Entsprechung zwischen Juda und Josef bemerkbar (Gen 38,27–30 ‖ 41,50–52 in Verbindung mit 48,17–20); vgl. auch *E.M. Menn*, Judah, 79f.

[...] Joseph ist der Held der folgenden Erzählung, aber das Heil wird von Juda kommen."[91]

2. Gen 38 – Eine sorgsam gestaltete theologische Erzählung

Als eingeschaltete Erzählung hat Gen 38 aber nicht allein ein bedeutsames Gewicht im Rahmen der Komposition des Genesisbuches, sondern ein eigenes Recht, das ihr aus der besonderen erzählerischen Eigenart zukommt. Näherhin sind hierbei die Gen 38 auszeichnenden literarischen Besonderheiten zu bedenken, wie sie nicht zuletzt anhand der kompositorischen Eigenart der Juda-Thamar-Erzählung zu erkennen sind. Diese läßt sich zusammenfassend in Gestalt des nachfolgend mitgeteilten Kompositionsschemas darstellen[92]:

A. Heirat Judas mit einer kanaanäischen Frau und Geburt von drei Söhnen (V.1–6)
B. Thamar und die Söhne Judas: Kinderlosigkeit (V.7–11)

C. Judas Aufbruch zur Schafschur + Verhüllung Thamars mit einem Schleier (V.12–15)
D. Verhandlungen zwischen Juda und Thamar: Pfandforderung (V.16–19)
E. Gescheiterter Versuch der Pfandauslösung durch Juda (V.20–23)

F. Todesurteil über Thamar + Gerechterklärung durch Juda (V.24–26)
G. Geburt von Zwillingen: Perez, der Erstgeborene, als Ahnherr Davids (V.27–30)

Auch wenn Gen 38 im strengen Sinne nicht als „Ringkomposition" angesprochen werden kann[93], handelt es sich hierbei aber dennoch unverkennbar um eine Art „Rahmenkomposition". Hierfür ist nicht allein auf die beiden genealogischen Textabschnitte V.1–6 und V.27–30 zu verwei-

---

91 *B. Jacob*, Genesis, 724.
92 Zur Komposition von Gen 38 näherhin *P. Weimar*, Komposition.
93 *F. van Dijk-Hemmes*, Tamar, 63ff.

sen[94], sondern auch auf die thematisch sich gegenübertretenden Textabschnitte V.7–11 und V.24–26, die ihrerseits jeweils dem äußeren genealogischen Rahmen zugeordnet sind. Dem doppelgliedrig arrangierten Rahmen V.1–6||7–11 und V.24–26||27–30 tritt ein aus drei Textabschnitten bestehender Mittelteil (V.12–15||16–19||20–23) gegenüber. Aus dem Spannungsverhältnis zwischen dem dreigliedrigen Mitteilteil und den beiden jeweils zweigliedrigen Rahmenteilen entwickeln sich die Leitlinien der vorliegenden kompositorischen Einheit Gen 38, die sich gleichermaßen als „kunstvolle Komposition“ wie als „künstliche Konstruktion“ erweist[95].

Daß Gen 38 im ganzen eine dreiteilige Kompositionsstruktur zugrundeliegt[96], wird zunächst durch eine gezielte Anbringung von Zeitangaben zu Beginn der drei Kompositionsteile gestützt, durch die eine fortschreitende Konzentration des Erzählgeschehens auf einen Höhepunkt hin erkennbar wird („Und es geschah in jener Zeit“ [V.1] – „Und es wurden viel der Tage“ [V.12] – „und es geschah im dritten Monat“ [V.24]). Nur scheinbar erfährt die damit über die Erzählung als Strukturierungsmerkmal gelegte Zeitstruktur eine Weiterführung in V.27 („Und es geschah in der Zeit, da sie gebar“)[97], wobei mit der einleitenden Wen-

---

94 Auf die rahmende Funktion von Gen 38,1–11 und 27–30 weist u.a. *C. Westermann*, Genesis III, 43 hin.

95 *Th. Krüger*, Genesis 38, 5f.

96 Hinsichtlich der Kompositionsstruktur von Gen 38 wird häufig von einer Dreiteilung ausgegangen, wobei mit Hauptzäsuren im Text zwischen V.11 und 12 sowie V.26 und 27 gerechnet wird (vgl. z.B. *H.J. Boecker*, Überlegungen, 54ff sowie *Ders.*, Josefsgeschichte, 96; *H. Seebass*, Genesis III, 33f und *F.W. Golka*, Joseph, 69ff). Der Einführung (V.1–11), die die Vorgeschichte enthält, korrespondiert der als Ziel und Abschluß der Erzählung zu charakterisierende Textabschnitt V.27–30, der rahmend um ein sorgfältig komponiertes Hauptstück (V.12–26) gelegt ist. Wenn sich auch hinsichtlich einer Dreiteiligkeit der Kompositionsstruktur von Gen 38 in der gegenwärtigen Forschung ein gewisser Konsens abzeichnet, so wird zuweilen – wenn auch mit unterschiedlichen Abgrenzungen im einzelnen – mit einem fünfteiligen Aufbau gerechnet (vgl. etwa *J.W.H. Bos*, Out of the Shadows, 40ff und *Th. Krüger*, Genesis 38, 5).

97 Zu den Zeitangaben als Strukturelement vgl. *M. O'Callaghan*, Structure, 81f.

dung der Bogen zum Beginn der Erzählung (V.1) zurückgespannt wird. Durch die mittels der Zeitangabe „Und es geschah in der Zeit ...“ angezeigte Entsprechung von V.1 und V.27 soll allem Anschein nach ein thematischer Bezug zwischen dem Anfang und dem Ende der Erzähleinheit aufgebaut und damit zugleich angezeigt werden, daß in Gen 38 eigentlich zwei unterschiedlich bestimmte Erzählprinzipien zusammenkommen und sich zu einer Einheit verbinden[98]. Eine zunehmend dramatisch bestimmte Zuspitzung des Erzählgeschehens ist die eine Sache, die andere dagegen erwächst aus dem Sichtbarmachen literarisch-thematischer Querbezüge zwischen den einzelnen Kompositionsteilen, wobei die nicht zu verkennenden Entsprechungen zwischen Anfang und Ende der Erzähleinheit (V.1–6||27–30) darauf hindeuten, daß die ganze Erzähleinheit um eine Mitte herum organisiert ist, die deren thematisches Zentrum darstellt.

In den beiden paarweise einander zugeordneten Abschnitten V.1–6 und 7–11, die mittels der Figurenkonstellation, aber auch thematisch zueinander in Beziehung gesetzt erscheinen, wird gewissermaßen das Fundament für die weitere Erzählung gelegt. Im Blickfeld des Erzählgeschehens in beiden Eingangsabschnitten, die formal wie stilistisch gegeneinander abgehoben sind[99], steht die Gestalt Judas,

---

[98] Angesichts der Korrespondenz der beiden Zeitangaben in Gen 38,1 und 27 wird es jedenfalls kaum möglich sein, in Gen 38,27–30 nur einen „Anhang“ zur vorangehenden Erzähleinheit sehen zu wollen (*E. Salm*, Juda, 73f.177f). Daß die Zeitangabe in Gen 38,27 (vgl. auch V.28 und 29; dazu ebenfalls *M. O'Callaghan*, Structure, 81) nicht mit den als Hauptgliederungssystem dienenden Zeitbestimmungen in Gen 38,1, 12 und 24 auf ein und derselben Ebene anzusiedeln sein wird, ist nicht zuletzt daran erkennbar, daß hier im Unterschied zu den anderen „Stellen, an denen das makrosyntaktische Zeichen *wjhj* und/oder Zeitangaben zu finden sind“, in V. 27 „trotz *wjhj* und Zeitangabe durch ePP mit dem ... vorangehenden Satz“ eine Verbindung hergestellt ist (*E. Salm*, Juda, 73).

[99] Auch wenn eine unterschiedliche Prägung der beiden Textabschnitte Gen 38,1–6||7–11 unverkennbar ist, so lassen sich beide keineswegs so stark gegeneinander isolieren, als wenn es sich hierbei im Blick auf die Kompositionsstruktur von Gen 38 um eigenständige, für sich stehende Kompositionsteile handele. Daß Gen 38,1–6 und 7–11 innerhalb des Rahmens von Gen 38,1–11 zwei korrespondierende

von der jeweils die Handlungsinitiative ausgeht. Gegenüber den wie geschlossen wirkenden Aussagefolgen von V.1–5 bzw. V.7–10 sind eigens die einen besonderen Akzent tragenden Schlußaussagen beider Textabschnitte V.6 und V.11 abzusetzen[100], beide auch dadurch ausgezeichnet, daß sich in ihnen Juda und Thamar als Kontrastfiguren gegenübertreten, wenn auch die Gestalt der Thamar merkwürdig blaß erscheint und ihr Verhalten im ganzen äußerst passiv gezeichnet ist. Wie nicht zuletzt die Resonanz, die der Beginn von V.1–5 in V.6 findet, erkennen läßt[101], wird durch den Erzähler eine Erwartung aufgebaut, die auf die Zeugung von Nachkommenschaft geht. Daß es sich hierbei um eine enttäuschte Erwartung handelt, zeigt der kompositorisch zugeordnete Textabschnitt V.7–11, nicht allein dadurch, daß hier die Zeugung von Nachkommenschaft keine Fortführung erfährt, sondern indem vielmehr betont der Tod der beiden älteren Judasöhne, Er und Onan, ins Blick-

---

Unterabschnitte darstellen, wird durch die beide Abschnitte auszeichnende und sie verbindende Personenkonstellation (Juda und Thamar wie die Trias der Söhne Er-Onan-Schela) sowie auch aufgrund des Vorkommens des den ganzen Kompositionsteil Gen 38,1–11 zusammenbindenden Klammerwortes „seine Brüder" (Gen 38, 1aβ||11aγ) faßbar.

[100] Gegenüber der gängigen Annahme einer Textzäsur nach V.5 erscheint aus verschiedenen Gründen die Annahme eines strukturell bedeutsamen Neueinsatzes in V.7 dem Gesamtbefund angemessener, wofür hier nur auf das Vorkommen des Signalwortes *wjhj* hingewiesen sei (vgl. auch *M. O'Callaghan*, Structure, 82: " ... where it has an important structural function as marking the transition from the uneventful narration of marriage and births of vv.1–6 to the wickedness of Er, which disrupts the normal chain of events and sets in motion the plot proper"). Auf der anderen Seite markiert V.5b eine Handlungsunterbrechung (*H.J. Boecker*, Überlegungen, 134), wobei mit der Erwähnung von Kesib auf Adullam in V.1b zurückgelenkt wird. Der damit angezeigte Einschnitt zwischen V.5 und V.6 hat eher eine stilistische Funktion, als daß damit die Schlußaussage des einleitenden Abschnitts V.1–6 hervorgehoben wird. Ein ähnliches Verfahren läßt sich auch für den zugeordneten Abschnitt V.7–11 beobachten, insofern hier V.7–10 durch die Wortfolge „böse in den Augen Jahwes" + „und er [JHWH] ließ ihn sterben" inkludierend verklammert sind und dementsprechend V.11 hervortreten lassen.

[101] Hierzu vgl. *E.M. Menn*, Judah, 16ff.

feld gerückt erscheint[102]. Wenn Ers Tod trotz des ausdrücklichen theologischen Verdikts („böse in den Augen JHWHs“) im ganzen rätselhaft bleibt (V.7)[103], erscheint der Tod bei Onan ausdrücklich durch seine Handlungsweise motiviert (V.10), obschon auch hier der Grund sich nur indirekt erschließt. Angesichts der Verklammerung der Textsequenz V.7–10 durch den Ausdruck „böse in den Augen JHWHs“ wird Onans, aber auch Ers Tod Konsequenz ihres ethischen Verhaltens sein. Die Verweigerung der aus der Sitte des Levirats sich ergebenden Pflichten (V.8+9)[104] läßt als tieferen Grund für den Tod der beiden älteren Judasöhne einen Mangel an Solidarität unter Brüdern, wie gerade auch das viermalige Vorkommen des Wortes „Bruder“ in V.8+9 nahelegt, vermuten, worin – wenn auch im einzelnen nicht entfaltet – die für das Erzählgefüge von Gen 38 insgesamt bestimmende Kategorie zu sehen sein wird. Im Blick auf den Fortgang der Erzählung von entscheidendem Gewicht ist die den doppelgliedrigen Abschnitt V.1–6||7–11 beschließende Aussage von V.11. Als Konsequenz aus dem Tod der beiden älteren Söhne fürchtet Juda um das Leben des jüngsten Sohnes, der hier bezeichnenderweise – ebenso wie Josef von Jakob in Gen 37,33 und 35 und dazu wohl auch bewußt einen Bezug herstellend – akzentuiert als „mein Sohn“ (V.11 und 26) bezeichnet wird. Die damit motivierte Ausschaltung Thamars aus der Geschichte Judas, die ihren nicht bloß symbolischen Ausdruck in der Rückkehr in das Haus ihres Vaters findet, ist die ungelöste Frage am Ende der Exposition.

Die Lösung, wie sie im abschließenden, gleichfalls doppelgliedrig angelegten hinteren Rahmenteil (V.24–26||27–30) präsentiert wird, erscheint auf den ersten Blick überraschend, ist bei näherem Hinsehen aber gezielt auf den Ein-

---

[102] *E.M. Menn*, Judah, 18ff.

[103] Inwieweit durch ער und רע in V.7 ein Wortspiel beabsichtigt ist (*B. Jacob*, Genesis, 712), kann nicht mit Gewißheit entschieden werden, auch wenn darin ein durchaus reizvoller, die Rätselhaftigkeit des Todes Ers zwar nicht entschlüsselnder, aber doch verständlich machender Gedanke liegt (vgl. etwa *A. Ohler*, Tamar, 48 und *F. van Dijk-Hemmes*, Tamar, 65).

[104] Zur Diskussion jüngst vor allem *Th. Krüger*, Genesis 38, 6ff.

gang der Erzählung abgestimmt, wofür abgesehen von der Figurenkonstellation (Juda ‖ Thamar) das Vorkommen des Wortes „schwanger“ (V.24a und 25a; vgl. damit das Verbum „schwanger sein“ V.3a und 4a [V.18b]) sowie das Vorkommen des Verbums „gebären“ (V.27a und 28a; vgl. V.3a.4a.5a.5b), aber auch das verbale Satzelement „und er fuhr nicht weiter fort [*jsp* *G*-Stamm]“ (V.26b; vgl. „und sie fuhr fort [*jsp* *H*-Stamm]“ V.5a) zu verweisen ist. Zweifellos soll mit Hilfe solcher Anspielungen der in V.1–6 vorgestellte, durch dreimalige Wiederholung nachdrücklich eingeschärfte Mechanismus von Schwangerschaft und Geburt in Erinnerung gerufen werden, womit zugleich ein beziehungsreiches Spiel von Assoziationen eröffnet wird. Zunächst scheint in V.24–26 alles beim Alten zu sein. Auf den ersten Blick hat Juda nach wie vor alle Fäden in der Hand. Doch der Eindruck täuscht. Obschon Juda und Thamar auf ihre verwandtschaftliche Verbundenheit angesprochen werden („deine Schwiegertochter“ [V.24a] bzw. „ihr Schwiegervater“ [V.25a]), muß Juda erst durch eine ihm zugekommene Mitteilung vom Zustand Thamars erfahren, womit zum einen der mit V.11 verlassene Erzählfaden aufgenommen wird, was zum anderen aber auch ein bezeichnendes Licht auf Juda fallen läßt, insofern ihm damit die Fäden des Geschehens aus der Hand zu gleiten beginnen. Auch der Urteilsspruch Judas über Thamar (V.24b) gründet nicht auf einem eigenen Verfahren, sondern ist eigentlich nichts anderes als die (notwendige) Konsequenz der Thamar angelasteten Hurerei (vgl. die Verklammerung der an Juda gerichteten Nachricht V.24a durch die beiden Worte *znh* und *z*^{e}*nûnîm*). Gänzlich in die Rolle eines Reagierenden, der beinahe als Gefangener seiner eigenen Handlungsweise erscheint, gerät Juda in dem Augenblick, da Thamar selbst die Bühne betritt und ihren Schwiegervater mit einem geradezu inszenierten Auftritt herausfordert. Von seiner Anlage her ist der Abschnitt V. 24–26 offenkundig spiegelbildlich zu V.7–11 gestaltet, wie nicht zuletzt daran erkennbar wird, daß das Stilmittel der beiden unmittelbar aufeinander folgenden Einlassungen Thamars (V.25a‖25b), mit denen sie Juda herausfordert, der zweifachen Anrede Judas an Thamar entspricht, mit der er sie aus dem Familienverband entläßt

(V.11aα||11aβ). Der Zusammenhang zwischen V.11 und 25f wird zusätzlich dadurch bekräftigt, daß beide Aussagen mittels der betonten Charakterisierung Schelas als „mein Sohn" (V.11a und 26a) wie der Aufforderung „Untersuche doch!" (V.25b) ihrerseits auf Gen 37 zurückgreifen (Gen 37,32b.33a.35a), womit Juda schließlich das Schicksal seines Vaters einholt. Die so mit Hilfe sprachlicher wie stilistischer Eigenart herausgestellte Korrespondenz der beiden Textabschnitte V.7–11 und 24–26 gilt nicht minder auch für V.1–6 und 27–30, die aufgrund des genealogischen Stils verbunden sind sowie zudem darin, daß mit der Geburt von Zwillingen die Vollzahl von drei Judasöhnen wieder erreicht ist. Die spiegelbildliche Entsprechung der beiden Textabschnitte V.1–6 und V.27–30 tritt schließlich auch darin in Erscheinung, daß in V.1–6 im Gegensatz zum zweiten und dritten Sohn, wo die nicht benannte Frau Judas als Namengeber eingeführt ist (V.4b und 5b), gerade beim ersten Sohn Juda selbst als Namengeber erscheint, wie es ebenso bei den durch Thamar geborenen Zwillingen der Fall ist (V.29b und 30b)[105].

---

[105] Die beliebte Textkorrektur von *wajjiqrāʾ* („und er rief") zu *wattiqrāʾ* („und sie rief") in V.3b, aber auch V.29b und 30b (so etwa *C. Westermann*, Genesis III, 42 und *H. Seebass*, Genesis III, 32f, ebenso *E. Salm*, Juda, 31) scheint, auch wenn sie sich z.T. wenigstens auf die Textüberlieferung stützen kann (zur Beschreibung und Diskussion der Befundlage vgl. *J.A. Emerton*, Some problems, 339 und *E.M. Menn*, Judah, 17 Anm. 10), nicht hinreichend begründet. Auch wenn es zutreffend ist, daß „in der Bibel ... es immer die Frau [ist], die dem Neugeborenen seinen Namen gibt" (*J.A. Soggin*, Genesis, 447), so bliebe immer noch zu erklären, warum in Gen 38,3b sowie 29b und 30b der Vater als Namengeber des Neugeborenen erscheint, und das um so mehr, als angesichts der Befundlage für das Vorkommen der männlichen Form *wajjiqrāʾ* nicht einfach ein Textunfall angenommen werden kann (vgl. auch den entsprechenden Vorbehalt von *B. Jacob*, Genesis, 720: „ויקרא darf man nach kritischen Grundsätzen nicht in das erleichternde ותקרא verbessern wollen"). Für die auffällige männliche Form dürfte vermutlich ein sachlicher Grund maßgebend gewesen sein, um auf diese Weise den Erstgeborenen Judas, aber auch die von Thamar geborenen Zwillinge nachdrücklich hervortreten zu lassen (hierzu *B. Jacob*, Genesis, 712.720f; jüngst auch *J. Ebach*, Genesis 37–50, 122.125).

Ist in den beiden spiegelbildlich angelegten Rahmenteilen V.1–6||7–11 und V.24–26||27–30 die die ganze Erzählung bestimmende Grundspannung abgesteckt, schildert der dazwischen eingespannte, dreigliedrig angelegte Mittelteil (V.12–15||16–19||20–23), auf welche Weise das Problem, das die hier entfaltete Geschichte bewegt, einer Lösung zugeführt wird. Eine Verknüpfung von Rahmen und Mittelteil wird zu dessen Beginn durch literarische Querbezüge einerseits von V.12a („und es starb die Tochter Schuas, die Frau Judas") zu V.2a („und es sah dort Juda die Tochter eines kanaanitischen Mannes, und sein Name war Schua" (V.2a) sowie andererseits V.13a („und es wurde Thamar gemeldet, folgendermaßen") zu V.24a („und es wurde Juda gemeldet, folgendermaßen") hergestellt, wodurch auf höchst komplexe Weise Bezüge zwischen den einzelnen Kompositionsteilen angezeigt und darin zugleich thematische Zusammenhänge erschlossen werden[106]. Die Handlungsweise Thamars gewinnt ihre bestimmte Färbung nicht zuletzt in Verbindung und im Zusammenklang mit den die Eingangszene des Mittelteils (V.12–15) rahmenden beiden Aussagen, in denen jeweils Juda als bestimmendes Subjekt erscheint, wobei auf der einen Seite die durch den Tod der Tochter Schuas, der Frau Judas, ausgelöste Aktivität Judas (V.12) sowie auf der anderen Seite der Eindruck, den Thamar bei ihm erweckt (V.15), ins Blickfeld des Interesses gerückt erscheinen[107]. Bezeich-

---

[106] Näherhin *E.M. Menn*, Judah, 22ff.

[107] Gegenüber den beiden Rahmenaussagen V.12 und 15, die den Blick auf Juda richten, hebt sich die im Zentrum stehende, Thamar in den Blick rückende Textsequenz V.13+14 als eigenes kompositorisches Element deutlich ab, angezeigt zum einen durch die häufiger einen erzählerischen Neuansatz markierende Wendung V.13a (vgl. auch V.24a), zum anderen aber durch den eine Unterbrechung im erzählerischen Fluß markierenden *kî*-Satz V.14b (vgl. auch *H.J. Boecker*, Josefsgeschichte, 102: „Die in V.14b mitgeteilte Reflexion Tamars unterbricht den Erzählgang. Die Annahme ist daher nahe liegend, dass V.14b in der ursprünglichen Erzählung noch nicht gestanden hat. Wenn das richtig ist, dann handelt es sich um einen erklärenden Zusatz"). In dieser Anlage drückt sich nicht zuletzt auch das V.12–15 bestimmende erzählerische Spannungsverhältnis aus. Die beiden Rahmenaussagen V.12 und 15 stehen dabei nicht nur kompositorisch in einem wechselseitigen Bezug zueinander, sondern

nenderweise sind V.12 wie V.15 beide gleichermaßen im Anschluß bzw. Anklang an V.1+2 formuliert („und er [Juda] stieg hinauf zu seinen Schafscherern« [V.12b] || „und er stieg hinab von seinen Brüdern“ [V.1a] und „er und Hira, sein Gefährte, der Adullamit“ [V.12b] || „bis zu einem Mann aus Adullam, und sein Name [war] Hira“ [V.1b] bzw. „und Juda sah [sie]“ [V.15a] || „und es sah dort Juda“ [V.2a]), womit zugleich die hierbei mitgeteilte Handlungsweise Judas eine bestimmte, durch sexuelle Konnotationen gekennzeichnete Färbung bekommt[108]. Eingeblendet zwischen die beiden Rahmenaussagen V.12 und 15 und davon deutlich abgehoben ist als Zentrum des ganzen Textabschnitts V.12–15 eine auf Thamar und ihr Handeln zugespitzte dreiteilige Aussagefolge (V.13||14a||14b), die an ihren Rändern mit den umgebenden Rahmenaussagen verzahnt ist („und er stieg hinauf zu seinen Schafscherern ... nach Timna“ [V.12b] || „Siehe, dein Schwiegervater steigt hinauf nach Timna zur Schur seiner Schafe“ [V.13b] bzw. „fürwahr, sie [Thamar] hatte gesehen“ [V.14b] || „und Juda sah sie“ [V.15a]) und damit deutlich werden läßt, daß Thamar die Szene nicht nur beherrscht, sondern auch kon-

auch intentional, insofern ein Zusammenhang hergestellt ist zwischen dem Tod der Tochter Schuas, der Frau Judas, und der von Juda für eine Hure gehaltenen Thamar. Die Feststellung des Todes der Frau Judas ist dem Erzähler nicht deshalb wichtig, „um eine Komplikation des nun Folgenden durch eine noch bestehende Ehe Judas zu vermeiden“ (*C. Westermann*, Genesis III, 47), sondern um damit anzudeuten, daß „es die Möglichkeit nicht mehr [gibt], dass die Linie seiner Nachkommen etwa über einen denkbaren vierten Sohn dieser Frau weitergeführt werden könnte“ (*H.J. Boecker*, Josefsgeschichte, 102), was zugleich eine Perspektive im Blick auf die aus der Verbindung mit Thamar hervorgehenden Nachkommenschaft eröffnet. Ein nicht minder bedeutsamer Aspekt wird durch das Verbum „trösten“ in V.12b gesetzt, insofern der hier konstatierte Sachverhalt in bewußtem Kontrast zu Gen 37,35 zu stehen scheint, wonach Jakob gerade nicht bereit ist, sich wegen des Todes Josefs trösten zu lassen. Symbolisiert die Tröstung den Abschluß der Trauerzeit Judas (*B. Jacob*, Genesis, 714) über den Verlust der Tochter Schuas (sowie implizit auch über den Verlust seiner beiden Söhne), dann ist damit auch angezeigt, daß Juda sich mit der bestehenden Situation abgefunden hat.

[108] Zu den hier angezielten Verbindungslinien *E.M. Menn*, Judah, 22.24.

trolliert[109]. Ihr „Sitzen" am Wege, in dem das „Sitzen im Haus ihres Vaters" (V.11b) nachklingt[110], kann nachgerade als ein aktives Geschehen charakterisiert werden, durch das Thamar sich erneut ins Spiel bringt und durch das eine Entscheidung geradezu herausgefordert ist. Möglicherweise kommt allein schon, wenn auch nicht unumstritten, dem Ort des Geschehens eine symbolische Bedeutung zu, wie im einzelnen auch immer *b^e pætaḥ ᶜênajim* gedeutet werden mag[111]. Jedenfalls handelt es sich bei der in V.14 genannten Lokalität um einen Ort, bei dem die Augen aufgehen und eine Entscheidung unausweichlich wird[112].

In der Dramaturgie der Erzählung markiert das allein schon durch seinen Umfang herausgehobene Gespräch zwischen Juda und Thamar (V.16–19) den Höhe- und zugleich Wendepunkt der ganzen Erzählung. Unschwer lassen sich hierbei zwei Textebenen gegeneinander abheben. In den das Gespräch rahmenden Aussagen (V.16a und 18b) ist das Geschehen unter gezielter Anspielung auf den Beginn der Erzählung (V.1+2) aus der Perspektive Judas

---

[109] Insgesamt macht das von Thamar in V.13+14 Erzählte einen inszenierten Eindruck, wobei die Absicht der Inszenierung, wie nicht zuletzt durch die Technik der Verzahnung sichtbar gemacht wird, dahingeht, geradezu das Funktionieren Judas entsprechend dem Willen Thamars nachvollziehbar werden zu lassen. Gegenüber Thamar erscheint Juda in seiner Handlungsweise eher fremdbestimmt, ein Zug jedenfalls, der auch sonst in Gen 38 im Blick auf Juda kennzeichnend ist.

[110] *E.M. Menn*, Juda, 23f.

[111] Die Angabe *b^e pætaḥ ᶜênajim* in V.14a unterscheidet sich signifikant von den anderen Ortsangaben in Gen 38 (zum „topologischen System von Gen 38" vgl. *E. Salm*, Juda, 103ff). Da „eine Ortschaft, welche genau diesen Namen führt, ... nicht bekannt" ist (*J.A. Soggin*, Genesis, 449), wird der hier gebrauchte Ortsname als eine künstliche Bildung zu verstehen sein, wobei die Wahl des Ortsnamens in Verbindung zu sehen ist mit seiner Funktion im Textzusammenhang.

[112] In der Abfolge der vier Narrativsätze in V.14a sind die drei ersten nicht allein thematisch, sondern darüber hinaus auch durch das ihnen gemeinsame, sich mehr und mehr beschleunigende Erzähltempo zusammengebunden. Demgegenüber hat der davon abgehobene vierte Narrativsatz ein eigenes Gewicht, markiert damit geradezu die Umbruchstelle des auf Thamar bezogenen zentralen Kompositionselements V.13+14 und unterstreicht so die schicksalhafte Bedeutung dessen, was an diesem Ort geschieht.

erzählt („*Und er bog* zu ihr *ab* auf den Weg [V.16aα]..., und gab es ihr, und *ging zu ihr ein, und sie wurde schwanger* von ihm" [V.18] ‖ „*Und er* [Juda] *bog ab* bis zu einem Mann von Adullam [V.1b] ... und nahm sie *und ging zu ihr ein, und sie wurde schwanger*" [V.2b+3a])[113]. Das dazwischen eingeschaltete Gespräch zwischen Juda und Thamar, dessen Eröffnung durch die Absichtserklärung „ich will zu dir eingehen" (V.16a) mit dem erzählerischen Rahmen verzahnt ist („und er ging zu ihr ein" [V.18b]), vermittelt dagegen eine andere Wahrnehmung. Ist es zu Beginn noch Juda selbst, der die Initiative zu diesem Gespräch ergreift, so hat er an dessen Ende ganz die Kontrolle darüber verloren, und Thamar kann ihm ihren Willen diktieren.

Wie sehr Thamar nicht nur das Gespräch lenkt und kontrolliert[114], sondern darüber hinaus die ganze Erzählung, erschließt sich dem Leser aus ihrer anspielungsreichen Rhetorik. Indem Thamar auf Judas Verlangen „Auf doch, ich will zu dir eingehen" (V.16a) eingeht, dieses Eingehen aber an eine Bedingung („Was gibst du mir, daß du zu mir eingehst?" [V.16b]) knüpft, treibt sie ein beziehungsreich arrangiertes Spiel der Sprache. Vordergründig geht es hierbei zweifelsohne um die „Gabe" des Pfandes (V.17b und 18a), hintergründig verweist Thamar mit der Wahl des Verbums „geben" zugleich darauf, daß ihr durch Onan kein Same „gegeben" wurde (V.9b; vgl. hierbei auch den Zusammenhang mit dem Verbum „eingehen" V.8b und 9a), aber auch darauf, daß sie selbst dem Schela nicht zur Frau „gegeben" worden ist (V.14b).

In der das Gespräch abschließenden Erzählernotiz („und er gab [es] ihr und ging zu ihr ein, und sie wurde schwanger *von ihm*" [V. 18b]) werden beide Ebenen wiederum zusammen- und zugleich zum Abschluß gebracht. Die lakonische Kürze der Ausdrucksweise läßt aufmerken. Das abschließende pronominale Element („und sie wurde schwanger *von ihm*") gibt der hier mitgeteilten Aussage entschieden Gewicht. Nachdem Thamar an ihr Ziel gekommen ist, kann sie der Verkleidungsszene ein Ende machen („und sie tat ihren Schleier von sich ab und legte ihre

---

[113] Vgl. auch *E.M. Menn*, Judah, 24f.
[114] *E.M. Menn*, ebd. 23.

Witwengewänder an" [V.19] || „und sie tat ihre Witwengewänder von sich ab und bedeckte sich mit dem Schleier" [V.14a]). Daß die da-mit angezeigte Rückkehr in die Normalität nur eine scheinbare ist, reflektiert die abschließende szenische Einheit des Mittelteils (V.20–23).
Eingeleitet wird sie durch eine erzählerische Notiz (V.20), die präzis auf die beiden Hälften der vorangehenden Gesprächsszene Bezug nimmt („Und Juda schickte hin das Ziegenböckchen" [V.20a] || „Ich schicke hin ein Ziegenböckchen" [V.17a] bzw. „Pfand" [V.20a||17b.18a]). Die lakonische Feststellung in V.20b („und er fand sie nicht") löst eine zweifache Wechselrede aus, zum einen mit den „Männern ihres [Thamars] Ortes" (V.21), zum anderen mit Juda (V.22+23), anhand derer die ganze Brüchigkeit und Ungereimtheit der durch Thamar aufgebauten Scheinwelt sichtbar gemacht wird. Gegenüber ihrer Umgebung hebt sich V.20–23 durch die Geschlossenheit des so umgrenzten Textabschnitts ab, nicht zuletzt anhand der Korrespondenz der Rahmenaussagen erkennbar („Und Juda *schickte hin das Ziegenböckchen ..., um zu nehmen* das Pfand aus der Hand der Frau, aber *er fand sie nicht*" [V.20] || „Sie *möge es nehmen* für sich ... Siehe, *ich habe dieses Böckchen geschickt*, und *du hast sie nicht gefunden*" [V.23]). Für Juda hat damit die Begegnung mit der vermeintlichen Hure bei Enajim ein Ende gefunden.
Die Korrespondenz der beiden Textabschnitte V.12–15 und 20–23 vermittelt sich hauptsächlich über die Figur des Hira, des Genossen Judas, der aufgrund seiner Herkunft als Adullamit bezeichnet wird. Bleibt dieser bei seiner ersten Einführung (V.12b) eigentlich funktionslos, so erschließt sich der Grund seiner Nennung erst von V.20 her, insofern dem Genossen Judas die Aufgabe zukommt, das Pfand auszulösen. Von Seiten Thamars, die selbst im abschließenden Textabschnitt des Mittelteils, obgleich sie hier nicht einmal anwesend ist, die Fäden in der Hand hält, wird gerade dadurch, daß sie sich entzieht, die Lösung des Problems noch offengehalten. Eine solche kann eigentlich auch nur von Thamar selbst kommen, weil nur sie die verborgenen Zusammenhänge zu entschlüsseln vermag.

3. Heilige oder Hure? – Die Rolle der Thamar

Mit Recht kann die in Gen 38 überlieferte Geschichte als höchst sonderbar bezeichnet werden, und das um so mehr, als es sich angesichts der sorgsamen kompositorischen Anlage, aber auch in Anbetracht der Besonderheiten der Erzählweise wohl kaum um eine älterer Tradition entstammende, volkstümliche Erzählung handelt[115], sondern um eine bewußte literarisch-theologische Konstruktion, deren komplexer Bedeutungsgehalt sich mangels explizit theologischer Aussagen wohl nur auf einem mehr indirekten Weg erschließen läßt[116]. Ungewöhnlich ist aber nicht allein die Erzählung von Gen 38 selbst. Gleiches gilt zweifellos auch für die Figur der Thamar, der im Folgenden die besondere Aufmerksamkeit gilt[117]. Ihre Handlungsweise mag mit einigem Recht unkonventionell genannt werden. Entsprechend unterschiedlich fällt das Urteil der Kommentatoren über sie aus. „Blutschande“ wird ihr ebenso attestiert[118] wie „tiefste Schande und Schuld“, die sie mit ihrem

---

[115] Entsprechende Überlegungen, auch wenn sie hier nicht im einzelnen vorgeführt werden sollen, sind immer wieder unternommen worden (vgl. die Übersicht bei *E. Salm*, Juda, 194ff). Gegenüber derartigen Versuchen ist auf das Urteil von *J.A. Soggin*, Genesis, 451 zu verweisen: „Das sind alles Behauptungen, die nach Meinung des Verfassers dieser Zeilen erst bewiesen werden sollten, bevor man sie verkündet.“

[116] Obschon „theologische Erwägungen hier ganz fehlen“ (*J.A. Soggin*, ebd. 452), wird Gen 38 aber dennoch keineswegs als eine nichttheologische Erzählung gekennzeichnet werden können; im übrigen kann darauf hingewiesen werden, daß dieses Phänomen die in Gen 38 überlieferte Erzählung mit der Josefsgeschichte verbindet.

[117] Wenn im Folgenden insbesondere die Figur der Thamar ins Blickfeld gerückt erscheint, so geschieht dies durchaus im Bewußtsein, daß für die erzählerische Entfaltung in Gen 38 das Gegenüber von Juda und Thamar als den beiden Hauptkontrahenten bestimmend ist. Für eine theologische Gewichtung wird auch zu bedenken sein, daß die Rolle der Thamar ausschließlich auf Gen 38 beschränkt ist, was der „Sonderrolle“ des vorliegenden Kapitels entspricht, wohingegen die Figur des Juda mit großem Bedacht in den Gesamtzusammenhang der Josefsgeschichte integriert ist (*P. Weimar*, Eine bewegende Rede).

[118] *J. Wellhausen*, Composition, 48.

Handeln auf sich geladen habe[119]. Eine alttestamentliche „Heilige“ ist sie ebenso genannt worden[120] wie eine „würdige Nachfolgerin der Stammütter“[121]. Die Schwierigkeiten, die Gestalt Thamars in angemessener Weise beurteilen zu können, haben ihren Grund letztlich in der vorliegenden Erzählung selbst. Noch zurückhaltender als mit Informationen über sie bleibt der Erzähler, wenn es darum geht, Einsichten zu gewinnen in die Beweggründe ihrer Handlungsweise, zumal das erzählte Geschehen gerade nicht aus der Perspektive Thamars beleuchtet wird. Mit Ausnahme des in Figurenrede präsentierten Urteils über Thamar (V.26a) enthält sich der Erzähler jeglichen Kommentars über sie. Rückschlüsse ergeben sich allenfalls indirekt aus dem kunstvollen, mehrere Ebenen verknüpfenden Spiel der Erzählung. Dabei wird es im einzelnen nicht unwichtig sein, die durch die Erzählung vermittelte Lebenswelt mitzubedenken. Mehr als ein paar Mosaiksteinchen eines Thamarbildes können die nachfolgenden Beobachtungen nicht sein, die Grundlinien eines theologischen Portraits der Gestalt der Thamar vermitteln wollen:

1. Mit einer fast nebensächlich anmutenden Notiz tritt Thamar in den Raum der Erzählung ein (V.6). Nichts verlautet über ihre Herkunft, wenn auch aufgrund der Erzähleröffnung (V.1+2a), die Juda nicht nur in eine kanaanäisch geprägte Umwelt versetzt, sondern darüber hinaus – wie selbstverständlich – von einer Heirat mit einer Kanaanäe-

---

[119] *G. von Rad*, Genesis, 296.

[120] *F. Delitzsch*, Commentar, 452: „Auch Tamar ist bei aller Verirrung doch durch ihre Weisheit, ihre Zartheit, ihren Edelsinn eine Heilige nach Maßgabe der alttestamentlichen Stufe.“ – Einer solchen Charakterisierung Thamars haben ausdrücklich etwa *C. Westermann*, Genesis III, 52 und *H. Seebass*, Genesis III, 42 widersprochen.

[121] Bei *B. Jacob*, Genesis, 723 heißt es im Anschluß an das Zitat weiter: „Ja sie steht noch höher, weil sie ursprünglich eine Fremde war. [...] Daß sie nur Tamar und nicht בת איש כנעני genannt wird, bedeutet, daß sie eine Persönlichkeit war, die nur in sich selbst ihren Wert hatte. Diesen Wert hat ihr ihre Empfänglichkeit für die erhabene Mission, die Stammutter des Messias zu werden, gegeben. Adliger Sinn löscht unedle Abkunft aus, und Tamars Gestalt ist ein Triumph des Geistes über das ‚Blut‘, der werbenden Kraft der national-religiösen Idee Israels und seines Glaubens.“

rin berichtet[122], mit einigem Recht vermutet werden darf, daß sie eine Kanaanäerin ist[123]. Einziges individuelles Merkmal ist ihr Name. Selbst dieser ist nur äußerst sparsam verwendet (V.6.11a.11b.13.24). Kennzeichnend für das geistige Klima der Erzählung ist die Selbstverständlichkeit, mit der in ihr von familiären Verbindungen zwischen Israeliten und Kanaanäerinnen gesprochen werden kann. Ein Geist von Offenheit und Toleranz, der sich darin zu erkennen gibt, ist nun keineswegs als Hinweis auf eine Herleitung der Geschichte aus der Frühzeit Israels zu verstehen[124]. Lassen redaktionskritische Erwägungen für Gen 38 am ehesten eine nachexilische Entstehungssituation des Kapitels angeraten erscheinen, dann kann die hier überlieferte Erzählung geradezu als Versuch gewertet werden, das aufgrund der Lebenssituation faktisch bestehende, nicht zu vermeidende Connubium zwischen Israeliten und der Bevölkerung des Landes als Chance und Herausforderung zu begreifen[125].

---

122 Hierzu nur *J. Ebach,* Genesis 37–50, 124.

123 Vgl. *B. Jacob*, Genesis, 723: „Ihre Abkunft wird nicht angegeben, nur ihr Name, was um so sicherer absichtlich ist, als bei dem Weibe Judas das Gegenteil der Fall war. Ohne Zweifel war auch Tamar Tochter eines Kanaaniters, denn unter Kanaanitern lebte Juda und hatte für sich selbst ein Weib von ihnen genommen, so wird er für seinen Sohn dasselbe getan haben, und wahrscheinlich heißt es deshalb, daß er selbst die Wahl getroffen hat." – In entsprechendem Sinne äußern sich etwa auch *C. Westermann*, Genesis III, 45; *H. Seebass*, Genesis III, 35 und *F.W. Golka*, Joseph, 70; zur Diskussion um eine kanaanäische Herkunft der Thamar vgl. *J. Ebach*, Genesis 37–50, 125f.

124 In einem solchen Sinne äußert sich dezidiert etwa *H. Schüngel-Straumann*, Tamar; mit kanaanäischem Ursprung gar rechnet *J.A. Emerton*, Judah, 410f.414f, eine Annahme, die zu Recht wenig Zustimmung gefunden hat (z.B. *C. Westermann*, Genesis III, 44). Die Selbstverständlichkeit, mit der Gen 38 dem (älteren) Jahwisten zugeordnet wird, erscheint aus verschiedenen Gründen mehr als zweifelhaft (*C. Westermann*, ebd. 42f: „... nicht genügend begründet. Die Sprachbeweise sind dürftig, und der breite genealogische Rahmen [V.1–2.27–30] spricht gegen J").

125 Vgl. hierzu insbesondere die Überlegungen bei *Th. Krüger*, Genesis 38, 18ff. – Für einen jüngeren Entstehungshorizont von Gen 38 votiert etwa auch *J.A. Soggin*, Genesis, 453.

2. Die Zurückhaltung, mit der in Gen 38 von Thamar gesprochen wird, läßt sie nicht als eine individuelle Gestalt ins Blickfeld treten, sondern in ihr vor allem einen Rollenträger sehen[126]. Akzentuiert ist dabei nicht ihre vermutliche kanaanäische Herkunft, auch nicht die geradezu sprichwörtliche Gefahr, die von der „fremden Frau“ hinsichtlich der religiösen Identität ausgeht[127]. Die nachdrückliche Herausstellung familiär-sozialer Bezüge, in die sich Thamar eingebunden weiß, erlaubt Rückschlüsse auf ihre eigene Handlungsweise, die als solche vor dem Hintergrund der als tödlich charakterisierten Verbindung mit Er und Onan entfaltet wird[128]. Was Thamar und ihr Verhalten auszeich-

---

[126] Zu Recht hat *E.M. Menn*, Judah, 29f darauf hingewiesen, daß Thamar in Gen 38 nur wenige Male mit Namen gegenüber “a variety of relational and occupational terms” (29) genannt ist.

[127] Hierauf könnte allenfalls die Erwähnung des „Ziegenbocks“ (V.17a.20.23) indirekt anspielen wollen (vgl. hierzu *Th. Krüger*, Genesis 38, 19; kritisch *J. Ebach*, Genesis 37–50, 136). Möglicherweise kann hierin aber auch – trotz der Differenz der Ausdrucksweise – eine Anspielung auf den Betrug Jakobs mit Hilfe eines geschlachteten Ziegenbockes (Gen 37,31), woran Juda einen nicht unerheblichen Anteil hat (vgl. auch die Korrespondenz von *wajjišlaḥ* [Gen 38,20a] und *waj^{e}šall^{e}ḥû* [Gen 37,32a]), gesehen werden (vgl. dazu *F. van Dijk-Hemmes*, Thamar, 69).

[128] Die Rahmung durch V.7 und V.10, zumal diese durch explizit theologische Aussagen ausgezeichnet sind, hebt V.7–10 aus ihrer Umgebung heraus. Wenn auch im Blick auf Er (V.7) ein Grund für das Mißfallen Jahwes nicht angegeben ist, darf angesichts der Korrespondenz von V.7 und 10 mit Fug und Recht darauf hingewiesen werden, daß in Anbetracht der Übereinstimmung von Urteil und Schicksal „eine sehr ähnliche Sünde“ im Spiel ist (*B. Jacob*, Genesis, 712). Die nicht zu übersehende Variation der Ausdrucksweise, insofern in V.10 auf ein entsprechendes, in V.8+9 berichtetes, verwerfliches Tun des Onan verwiesen wird („was er tat“), in V.7 demgegenüber die ganze Person von Judas Erstgeborenem Er als „böse in JHWHs Augen“ charakterisiert ist (*H. Seebass*, Genesis III, 35), gibt V.7 zwar ein eigenes Gewicht, bedingt aber keineswegs eine Verschiedenheit des Bedeutungsgehaltes. Angesichts der rahmenden Funktion von V.7 und 10 erscheint das in V.8+9 Berichtete geradezu als exemplarische Verdeutlichung des dort formelhaft Ausgesagten; dieses kann näherhin so vermutlich als Mangel an solidarischem Verhalten innerhalb des Familienverbandes (vgl. das leitmotivische Vorkommen des Wortes „dein/sein Bruder“ in V.8+9) charakterisiert werden. Indem dies dem Leser derart breit und ausführlich, zudem

net und bestimmt, ergibt sich nachdrücklich gerade aus dem Kontrast zu dem als unsolidarisch beurteilten Verhalten des Onan dem Bruder gegenüber (V.8+9), wobei die theologische Bedeutsamkeit des hier Geschilderten sich nachdrücklich aufgrund der Umstellung von V.8+9 durch die beiden rahmenden Aussagen V.7 und 10 nahelegt, wo jeweils die Wendung „böse in den Augen JHWHs" begegnet. Selbst wenn es sich bei Gen 38 um „eine durch und durch profane Erzählung" handelt[129], kann ihr angesichts dessen eine theologische Bedeutungsperspektive keineswegs abgesprochen werden. Der hierbei im Munde Judas begegnende Rückgriff auf das Levirat geschieht bezeichnenderweise ohne Rekurs auf rechtliche Bestimmungen, appelliert vielmehr ausschließlich an die brüderliche Solidarität, um so den Bestand der Familie sichern zu können[130].

3. Handlungsauslösend ist bei Thamar ein doppelter Impuls, zum einen die sie ereilende Nachricht von einer Teilnahme Judas an der Schafschur in Timna (V.13), zum anderen aber – und das vor allem – die Wahrnahme, wonach sie Schela entgegen dem Versprechen Judas noch immer nicht zur Frau gegeben worden ist (V.14b). Beides läßt Thamar, wie schon gesehen, in überlegter, genau kalkulierter Weise handeln, wobei ihr Handeln auf Juda selbst zielt, der durch Thamar unwissentlich zum Mitspieler ihrer Inszenierungskünste gemacht wird. Bemerkenswerterweise wird jede negative Konnotation hinsichtlich der Handlungsweise Thamars vermieden[131]. Daß Thamar im Rahmen der Erzählung verschieden bezeichnet wird, ist eine immer

mit einer ausdrücklichen theologischen Wertung verbunden vorgeführt wird, läßt das auch die Handlungsweise Thamars in einem entsprechenden Licht erscheinen, wie nicht zuletzt der enge Zusammenhang von V.8–10 mit 11, aber auch mit dem Fortgang der Erzählung insgesamt vermuten läßt.

[129] *C. Westermann*, Genesis III, 51.

[130] Vgl. *Th. Krüger*, Genesis 38, 6f.

[131] Jedenfalls wird sich innerhalb des Erzählzusammenhangs von Gen 38 hinsichtlich der Handlungsweise Thamars keinerlei Schuld attestieren lassen (*St. Schäfer-Bossert*, Sex, 74ff), auch wenn ihr Tun „ihr manches Kopfschütteln der Exegeten" (*H.J. Boecker*, Josefsgeschichte, 102) eingetragen hat.

wieder notierte Auffälligkeit, ohne daß hieraus notwendigerweise entstehungsgeschichtlich bedingte Folgerungen gezogen werden könnten[132]. Zu beachten ist dabei, daß die unterschiedlichen Kennzeichnungen Thamars nicht aus der Perspektive des Erzählers heraus erfolgen, sondern vielmehr aus der spezifischen Wahrnahme der jeweiligen Erzählfiguren heraus. Wenn Thamar in V.15 als „Hure [*zônāh*]" bezeichnet wird, dann geschieht das aus der Sicht Judas, der sie für eine solche hält[133], nicht wegen ihres Schleiers, den sie trägt, sondern wegen ihres für ihn eindeutigen Sitzens am Wege[134]. Die von Juda als *zônāh* wahrgenommene Frau wird von Hira, dem Kanaanäer, bei seiner Mission zur Auslösung des Pfandes Judas als „Geweihte [*q^edæšāh*]" bezeichnet, und zwar gleich dreimal (V.21a.21b.22), ein Wechsel in der Bezeichnung, der gleichermaßen sprecher- wie adressatenbezogen ist[135], möglicherweise aber auch in Verbindung zu bringen ist mit Enajim als Ort, an dem sich das hier vorgestellte Geschehen ereignet hat[136].

---

132 *H.J. Boecker*, Überlegungen, 134.

133 So ist etwa *St. Schäfer-Bossert*, Sex, 75 zuzustimmen, die ausdrücklich betont: „Sie [Thamar] wird nie in den narrativen Teilen der Geschichte als Prostituierte (זונה) bezeichnet, diese Sicht wird nur als die Judas berichtet (V.15)."

134 Ein grobes, wenn auch unter Exegeten allzu lange und allzu gern gepflegtes Mißverständnis wäre es, den Schleier als eine Art Erkennungszeichen einer Prostituierten verstehen zu wollen, zumal eine solche Annahme der Gen 38 zugrundeliegenden Erzähllogik widerspricht, die den Schleier gerade deshalb fordert, weil Thamar von Juda als ihrem Schwiegervater nicht erkannt sein will; hierauf weisen m.E. zu Recht etwa *H.J. Boecker*, Überlegungen, 136; *Ders.*, Josefsgeschichte, 102f; *St. Schäfer-Bossert*, Sex, 77f; *J.A. Soggin*, Genesis, 449 und zuletzt wieder *J. Ebach*, Genesis 37–50, 135 hin.

135 *St. Schäfer-Bossert*, Sex, 83.

136 Wie auch immer das Phänomen der sog. „Kultprostitution" bewertet werden mag (zum Diskussionsstand vgl. etwa *Ch. Frevel*, Aschera, II, 557–737; *Ch. Schäfer-Lichtenberger*, JHWH, 114–140; *M.-Th. Wacker*, Figuration, 287ff), bleibt m.E. durchaus zu bedenken, ob die Kennzeichnung Thamars als „Geweihte [*q^edæšāh*]" nicht auch in Verbindung zu sehen ist mit der Erwähnung von Enajim, worin wohl eine künstliche Namensbildung zu sehen ist, die zum einen die Bedeutsamkeit des Ortes hervorheben, zum andern wohl auch seine kultische Bedeutung anzeigen will. Ein indirekter Hinweis

4. Auch wenn es durchaus zutreffend ist, daß ethische Normen auf Schritt und Tritt im Hintergrund des Textes stehen[137], bleibt die Darstellung der Verhaltensweise Thamars durch den Erzähler bezeichnenderweise ohne explizite Bewertung, weder im Positiven noch im Negativen. Eine Beurteilung ihres Verhaltens geschieht ausschließlich aus der Perspektive der beteiligten Erzählfiguren heraus, und zwar im Rahmen des doppelgliedrig angelegten Schlußteils der Komposition von Gen 38 (V.24–26||27–30). Von einer Zeitangabe eingeleitet, die den ungefähren zeitlichen Abstand („und es geschah etwa im dritten Monat“) von dem im mittleren Kompositionsteil erzählten Geschehen angibt[138], folgt eine an Juda gerichtete (anonyme) Botschaft (V.24a), deren erzählerische Einführung („und es wurde

---

ergibt sich möglicherweise auch aus der zweimal begegnenden negierten Aussage „nicht gefunden“ (V.20b und 22a), als Feststellung des Erzählers sowie als Mitteilung Hiras an Juda, darin zweifellos ein erzählerisch bedeutsames Element darstellend, das „auf den Fortgang der Geschichte gespannt macht“ (*St. Schäfer-Bossert*, Sex, 83); daneben will aber auch bedacht sein, daß die Aussage, wonach Hira die Geweihte in Enajim nicht gefunden habe, eine ins Positive gewendete Entsprechung, bezeichnenderweise in Gen 37,15a („und ein Mann fand ihn [Josef]“) und 37,17b („und er [Josef] fand sie [Brüder] in Dotan“) hat. Ist die in Gen 37,12–17* mitgeteilte Szene als ein einer späten Redaktion zu verdankender Eintrag zu verstehen, der von einer bedeutsamen Begegnung, da ein Gottesbote Josef und infolgedessen dieser seine Brüder findet, erzählt (*P. Weimar*, Spuren, 298ff), so fällt von daher zumindest indirekt ein bezeichnendes Licht auf die Notiz vom Nicht-Finden der „Geweihten“ durch Hira, dem so gleichfalls eine theologisch bedeutsame Qualität zukommen wird; die Annahme eines derartigen Zusammenhangs liegt um so näher, wenn die Verbindungslinien literargeschichtlicher Art zwischen Gen 37,12–17* und Gen 38 insgesamt in Anschlag gebracht werden. – Eine Übersicht der verschiedenen Verstehensmöglichkeiten des auffälligen Begriffswechsels in Gen 38 findet sich bei *J. Ebach*, Genesis 37–50, 138ff.

[137] Hierzu *Th. Krüger*, Genesis 38, 7ff.

[138] Hierzu *B.Jacob*, Genesis, 718; vgl. auch HAL 613a. – Die beliebte Textkorrektur nach *Sam* (vgl. nur *E. Salm*, Juda, 34) bleibt durchaus zweifelhaft (*H. Seebass*, Genesis III, 33: „Soll man hier mit Sam die grammatisch korrekte Feminin-Form lesen?“; vgl. auch das salomonische Urteil von *J. Ebach,* Genesis 37–50, 133: „Für das Verstehen spielt diese [möglicherweise mit dem Samaritanus der Regel anzugleichende] Besonderheit wohl keine Rolle“).

dem Juda gemeldet, folgendermaßen“) wie auch die Mitteilung selbst („deine Schwiegertochter“ bzw. „siehe“) auf die an Thamar adressierte Nachricht in V.13 zurückverweist; damit wird zugleich deutlich, daß erst jetzt das von Thamar inszenierte Geschehen an ein Ende gebracht wird[139]. Im Urteil der Außenstehenden kann die jetzt offenkundig gewordene Schwangerschaft Thamars, gleichwie deren sozialer Status auch beschrieben werden mag, nur Folge von Unzucht sein[140]. Aufgrund begrenzter Wahrnahme können die, die Juda eine entsprechende Nachricht zukommen lassen, nur zu solcher Beurteilung des Sachverhalts kommen, wobei die an Juda gerichtete Nachricht nichts anderes als eine wohl auf Augenschein beruhende öffentliche Meinung ist[141]. Was in V.24a Thamar dabei als ethisches Fehlverhalten angelastet wird, ist kein endgültiges Urteil, sondern im Rahmen des Textabschnitts V.24–26 Ausgangspunkt einer dramatischen, die Spannung bis zur Unerträglichkeit steigernden Entwicklung. Auch hier ist wiederum alles aufs sorgfältigste konstruiert. Im Zentrum steht, damit die Szene beherrschend, die Gestalt der Thamar, deren Gewicht zusätzlich dadurch hervorgehoben ist, daß hier in unmittelbarer Aufeinanderfolge zwei Anreden miteinander verknüpft erscheinen (V.25a||25b), ohne

[139] *H.J. Boecker*, Josefsgeschichte, 104: „In V.24–26 kommt es dann zu dem dramatischen Höhepunkt der Erzählung. Dabei wird die Spannung fast bis zur Unerträglichkeit gesteigert.“

[140] Nachdrücklich wird dieser Gedanke gerade durch die Verklammerung der an Juda gerichteten Mitteilung in V.24a mittels der von der gleichen Wurzel gebildeten beiden Worte *zān^{e}tāh* und *liznûnîm* herausgestellt und damit zugleich markant der gegenüber Thamar erhobene Vorwurf zum Ausdruck gebracht.

[141] Daß „jemand Tamars Verkleidung durchschaut“ habe (*H. Seebass*, Genesis III, 38), ist ebensowenig anzunehmen, wie es unklar bleibt, „wieso die Leute sie erkannt haben sollten, wenn sogar der Schwiegervater sie nicht erkannte“ (*J.A. Soggin*, Genesis, 450). Jedenfalls liegt hierauf nicht das Interesse des Erzählers, wie allein schon die Mitteilung an Juda mit der unmittelbar voraufgehenden Zeitangabe in V.24a zu erkennen gibt. Das Faktum einer Schwangerschaft Thamars löst in ihrer Umgebung eine Auseinandersetzung hiermit aus, durch die das in der Denunziation an Juda geäußerte „Vorurteil“ eines Verstoßes gegen ethische Normen eine die Hintergründe ausleuchtende differenziertere Wahrnahme erfährt.

daß ein Sprecherwechsel vorläge. Bemerkenswert ist die Kopplung der beiden an Juda gerichteten Thamarreden in V.25 nicht zuletzt vor dem Hintergrund von V.11a, wo in ähnlicher Weise zwei Reden Judas miteinander verbunden sind[142]. Bedeutsam ist der hiermit angezeigte Zusammenhang von V.11a und 25 nicht zuletzt deswegen, weil in V.11a der tiefere Grund angegeben ist für eine die Verhältnisse ins rechte Licht rückende Offenlegung der Wahrheit[143]. Daß in V.25 der Höhe- und zugleich Wendepunkt

---

[142] Mit Hilfe der unmittelbaren Aufeinanderfolge zweier Reden des gleichen Sprechers sollen auf jeden Fall Akzente gesetzt werden, was selbst dann gilt, wenn das logische Verhältnis beider Reden zueinander eine (entstehungsgeschichtlich bedingte) Differenzierung nahelegt. Daß die beiden Judareden in V.11a nicht auf der gleichen Ebene anzusiedeln sind, ergibt sich schon daraus, daß die zweite Judarede (V.11aβ) mit *kî* zur vorangehenden in Beziehung gesetzt erscheint; im Gegensatz zu V.11aα handelt es sich bei V.11aβ nicht um eine direkte Anrede an Thamar, sondern um eine die Gründe seines Handelns aufdeckende Selbstrede (*B. Jacob*, Genesis, 714). In analoger Weise lassen sich auch die beiden Thamarreden in V.25 gegeneinander abheben, wobei das, was ein Bote dem Juda übermitteln soll, in V.25b steht, wohingegen das in V.25a mitgeteilte Redeelement nicht die Worte sind, „die Tamar den Boten sagen läßt, sondern eine Interpretation, was sie mit der Sendung der Stücke meinte, sagen wollte" (*B. Jacob*, Genesis, 719).

[143] Die Korrespondenz der Redeelemente in V.11a und 25 ist durch subtile Querbezüge angedeutet. Als Hinweis auf entsprechende Verbindungslinien kann zunächst die Parallelität in der Abfolge der Redeeinführungen („und Juda sprach zu Thamar, seiner Schwiegertochter" + „fürwahr, er sprach" [V.11a] ‖ „und sie schickte hin zu ihrem Schwiegervater, folgendermaßen" + „und sie sprach" [V.25]) benannt werden, wobei jeweils eigens auf ihr verwandtschaftliches Verhältnis („seine Schwiegertochter" ‖ „ihr Schwiegervater") verwiesen ist. Verbunden mit der mittels der Redeeinführungen angezeigten Parallelität der Abfolge der einzelnen Gliedelemente ist ein übergreifender Chiasmus in der Zuordnung der Reden zu bedenken, der sich darin zu erkennen gibt, daß nur die erste (V.11aα) und letzte Rede (V.25b) eine direkte Anrede (Befehl) an den jeweiligen Adressaten darstellen, während die zweite (V.11aβ) und dritte „Rede" (V.25a) eher als für sich gesprochene Erwägungen zu charakterisieren sind (vgl. vorangehende Anm.). Nicht zuletzt durch die hiermit zutage tretende chiastische Anordnung der paarweise zugeordneten Reden in V.11a und 25 wird, wenn auch eher indirekt, aber nicht minder eindrücklich, deren tieferer, wechselseitiger Bezug aufeinander angezeigt.

des in V.24–26 geschilderten Geschehens zu sehen ist, wird zudem durch eine Unterbrechung der Narrativfolge mittels der Konstruktion *hwʾ* + Partizip – *whjʾ* + qatal sichtbar gemacht[144]. Zusätzlich dramatisierend und entsprechend die Aufmerksamkeit lenkend wirkt die Nichtdetermination des an der Tonstelle stehenden Wortes „von einem Manne [*leʾîš*]" in V.25a, womit in Bezug auf den angezielten Adressaten die Identität des Mannes, von dem Thamar schwanger ist, bewußt offengehalten ist[145]. Unausweichlich wird die Situation für Juda erst in dem Augenblick, da Thamar die drei Pfänder als Beweismaterial nachschiebt (V.25b), ein Vorgang, der bis in die sprachliche Struktur hinein sichtbar gemacht wird[146]. Daß sich V.25+26a bis in die Wortwahl hinein an Gen 37,32+33 orientiert („da schickte sie hin [...] Erkenne doch! [...] Und Juda erkannte") macht indirekt deutlich, daß Juda jetzt die Schuld einholt, die er in bezug auf Jakob, seinen Vater, auf sich geladen hat.

5. Spitzt sich mit V.25 das dargestellte Geschehen unausweichlich zu, insofern mit einem Mal Juda durch Thamar herausgefordert erscheint, gewinnt es durch die rahmend darum gelegten Aussagen von V.24 und 26, in denen Juda jeweils als Sprecher auftritt, Thamar dagegen nur als Objekt erscheint, nochmals ein ganz eigenes Gewicht. Wenn auch kompositorisch einander auf mehreren Ebenen gegenübertretend, kommt es auffälligerweise dennoch nicht

---

144 Zum komplexen Satzbau in V.25 vgl. *B.Jacob*, Genesis, 719.

145 Zu *leʾîš* vgl. *J.A. Soggin*, Genesis, 451: „Man neigt dazu, *lāʾîš*, ‚für den Mann', statt *leʾîš*, ‚für einen Mann', zu vokalisieren (handelt es sich um einen Status constructus [Skinner]? Aber was soll er dann regieren?)"; außerdem *B. Jacob*, Genesis, 719: „*leʾîš* von einem Manne, nicht *lāʾîš* wie LXX übersetzt = von einem gewissen Jemand oder einem Manne, der solche Abzeichen führt, bin ich schwanger!"

146 Die Konstruktion von V.25b (»wem ... diese da [sind]") tritt spiegelbildlich V.25aαβ („einem Manne, dem diese [sind]") gegenüber, wobei die Nennung der Trias der Pfänder (in bezeichnender Weise gegenüber V.18 abweichend, ohne daß aber die Lesart von MT im Anschluß an die alten Versionen zu korrigieren wäre [vgl. BHS]) den Satzzusammenhang unterbricht und wie eingeschoben wirkt und insofern nachdrücklich herausgehoben ist; als „eigentümlich" kennzeichnet *A.B. Ehrlich*, Randglossen I, 193 den „Gebrauch von *ʾlh* mit Bezug auf drei Sachen, die nicht derselben Art sind."

zu einer unmittelbaren Konfrontation von Juda und Thamar, ganz im Gegensatz zur zentralen Szene des mittleren Kompositionsteils (V.16–19). Herausgefordert durch eine Mitteilung, die die Form einer den Sachverhalt präzis benennenden zweigliedrigen Anklage hat[147], läßt Juda sogleich den Urteilsspruch sprechen (V.24b), der sich äußerst wortkarg gibt, im Hebräischen nur aus zwei Worten besteht („Führt sie hinaus, daß sie verbrannt werde!"), dabei keinerlei emotionale Beteiligung erkennen läßt[148]. Erst die Vorlage der Beweismittel durch Thamar nötigt Juda zu einer Revision seines Urteilsspruches (V.26a), wiederum zweigliedrig angelegt, wobei das erste Glied hinsichtlich seines Umfangs dem Urteilsspruch genau entspricht und damit hierzu ein Gegengewicht bildet, während das begründend beigefügte zweite Glied unverkennbar wortreicher daherkommt, soll damit doch die Revision des Urteilsspruches begründet werden. Die beigefügte Begründung (V.26aß), nachdrücklich hervorgehoben durch die das Satzgefüge gleichsam unterbrechende und einen neuen Ton hereinbringende Partikel *ʿal-ken*[149], nimmt bezeichnenderweise jene Formulierung auf, mit der Thamar ihr Tun begründet hatte (V.14b) und verweist so indirekt auch zurück auf seine eigenen Worte, mit denen er Thamar in das Haus ihres Vaters geschickt hat, und zwar bis zu dem Zeitpunkt, da Schela großgeworden ist (V.11aα), wie die angebrachten Stichwortverknüpfungen zu erkennen geben („*denn ... nicht habe ich sie gegeben* dem *Schela, meinem Sohn*" [V.26aβ] – „*denn* sie hatte gesehen, daß *Schela groß geworden war, und sie ihm doch nicht zur Frau gegeben worden war*" [V.14b] – „*bis groß geworden ist Schela, mein Sohn*" [V.11aα]). Vor dem hier angezeigten Horizont des Begründungssatzes V.26aβ erschließt sich näherhin

---

[147] Hierzu *H.J. Boecker*, Redeformen, 127 mit Anm. 3. – Wird im ersten Satzglied („Gehurt hat Thamar, deine Schwiegertochter") der Gegenstand der Anklage benannt, so schiebt das zweite Satzglied, eingeleitet durch *w^egam hinneh*, gleichsam als Bestätigung der erhobenen Anklage, einen Sachverhalt „für den sichtlichen Beweis" (*B. Jacob*, Genesis, 718) nach.

[148] Zur verhängten Strafe – Tod durch Verbrennen – vgl. *St. Schäfer-Bossert*, Sex, 86f.

[149] Zur Bedeutung und Funktion *B. Jacob*, Genesis, 440.

auch die gerade einmal zwei Worte umfassende Gerechterklärung Thamars durch Juda – *ṣādᵉqāh mim-mænnî* (V. 26aα), die, ohne hier dem Problem der Übersetzung im einzelnen nachgehen zu können, am besten wiedergegeben werden kann mit „Sie ist im Recht – im Gegensatz zu mir“[150], wobei der hier angezeigte Sachverhalt unter Berücksichtigung des Darstellungszusammenhangs etwa folgendermaßen umschrieben werden kann: „Sie hat loyal gehandelt und ist unschuldig, ich nicht.“[151] Wie sich nicht zuletzt angesichts der sorgfältig angebrachten Querverweise erschließt, steht Thamar am Ende der Geschichte trotz oder gerade wegen ihres ungewöhnlichen, den Konventionen zuwiderlaufenden Verhaltens als „Gerechte“ da, insofern sie sich – im Unterschied gerade zu Juda – in ihrem Handeln als gemeinschaftstreu und -förderlich erwiesen hat. Nicht zufällig ist innerhalb der Komposition des Genesisbuches das Verhalten der Thamar in scharfem Kontrast zu dem der Frau Potifars in Gen 39 entfaltet[152].

6. Die Bedeutung der Gestalt Thamars erschließt sich nicht zuletzt vom Ende der Geschichte her – in der Geburt des Zwillingspaares Perez und Serach, wodurch Thamar zur Stammutter Davids wird (V.27–30). Rhythmisiert ist der Schlußabschnitt von Gen 38 durch eine Folge von Zeitangaben, die allesamt durch „und es geschah [*wajᵉhî*]“ ausgezeichnet sind (V.27a.28a.29a), wobei die beigefügten temporalen Elemente („zu der Zeit, als sie gebären sollte“ [V.27a] – „als sie gebar“ [V.28a] – „wie er seine Hand zurückzog“ [V.29a]) den Handlungsfortgang unterstreichen. Gegenüber der vorliegenden Folge der Zeitangaben ist einzig die letzte abgehoben, insofern sie das berichtete Geschehen mit einem knappen „und danach [*wᵉʾaḥar*]“ (V. 30a) anschließt. Mit Hilfe der Zeitangaben erfährt der Textabschnitt eine sinnvolle strukturelle Gliederung, insofern sich auf geschickte Weise eine zweigliedrige Text-

---

150 So im Anschluß an K. Koch etwa *H.J. Boecker*, Redeformen, 127 oder *Th. Krüger*, Genesis 38, 11. – Zum Problem der Übersetzung des Satzes vgl. neben H.J. Boecker, ebd. auch *St. Schäfer-Bossert*, Sex, 90ff.

151 *K. Koch*, *ṣdq*, 513.

152 Dazu siehe näherhin *P. Weimar,* Geschichte, 61–124.

struktur (V.27+28||29+30) und eine chiastisch bestimmte Textanordnung (V.27||30 bzw. V.28||29) miteinander verbinden[153]. Zweifach wird damit das sich keineswegs konfliktreich, sondern friedlich gestaltende Verhältnis der Zwillinge Perez und Serach sichtbar gemacht. Dieser durchaus auffällige, aber keineswegs zu beanstandende Schluß von Gen 38[154] schafft ein Gegengewicht zu V.1–6

---

[153] Mittels der Zeitangaben fächert sich der Textabschnitt V.27–30 in vier kleinere Textsequenzen auf (V.27||28||29||30), die sich auf mehrsinnige Weise miteinander verbinden lassen, angezeigt jeweils durch signifikante Stichwortverbindungen, von denen her sich unterschiedliche Zusammenhänge erschließen. Über die einleitende Zeitangabe („*und es geschah* zu der Zeit, *als sie gebären sollte*" || „*und es geschah, als sie gebar*") sind V.27+28 einander zugeordnet; Entsprechendes gilt auch für V.29+30, wo eine Zuordnung durch die Wendung „heraus kam sein Bruder" sowie durch die wörtlich gleichlautende Aussage „und er rief seinen Namen ..." angezeigt ist. Die damit sich nahelegende Zweiteilung von V.27–30 wird zusätzlich dadurch unterstrichen, daß jeweils am Ende der beiden Hälften auf den „karmesinroten Faden an seiner Hand" verwiesen wird. Als möglich erweist sich aber auch ein als chiastisch anzusprechendes Strukturierungsmuster, wofür allein schon die Korrespondenz der beiden ausschließlich berichtenden Notizen V.27 und 30 im Kontrast zu den beiden jeweils durch einen Ausruf der Hebamme ausgezeichneten Textsequenzen V.28 und 29 spricht; gegenüber den beiden Rahmennotizen sind die beiden gerahmten Textsequenzen (V.28+29) durch ihr erzählerisches Eigengewicht hervorgehoben. Ihr inneres Gefälle, wie es allein schon durch die eröffnende Zeitangabe („und es geschah, *als* sie gebar" – „und es geschah, *wie* er seine Hand zurückzog") zum Ausdruck gebracht wird, geht von V.28 auf V.29 hin, wobei die Textsequenz V.29 mit dem dreimaligen Vorkommen der Wurzel *prṣ* den Akzent nachdrücklich auf Perez richtet.

[154] Daß V.27–30 wegen des „genealogischen" Stils gegenüber dem vorangehend Erzählten „abfällt", ist nicht zu verkennen, wenn auch andererseits unübersehbar ist, daß V.27–30 nicht allein aufgrund der literarisch-stilistischen Eigenart ein Gegengewicht in V.1–6 hat. Wenn V.27–30 aufgrund erzählerischer Mängel als ein etwas unbefriedigender Schluß der Erzählung angesehen wird, deren Höhepunkt im Wort der Gerechterklärung Thamars durch Juda (V.26) vorliege (*G. von Rad*, Genesis, 295), dann ist darin möglicherweise nur ein bestimmtes Urteil hinsichtlich eines sachgerechten Schlusses der Erzählung zu sehen, zumal wenn der Eindruck zu Recht besteht, daß die in Gen 38 erzählte Geschichte die in V.27–30 berichtete Geburt von Kindern als Klimax geradezu benötigt (*J.A. Emerton*, Judah, 407).

und damit zum Beginn des Kapitels, so daß sich beide Abschnitte korrespondierend gegenübertreten und in thematischer Verbindung zueinander zu betrachten sind. Angesichts der auf diese Weise angezeigten Zusammenhänge wird durch die Geburt von Perez und Serach die durch den Tod von Er und Onan reduzierte Dreizahl der Judasöhne wieder erreicht, was vom Erzähler nicht zuletzt dadurch angezeigt ist, daß wie beim Erstgeborenen Er (V.3b) auch bei Perez (V.29b) und Serach (V.30b) niemand anderer als Juda – und nicht Thamar – als Namengeber erscheint[155]. Vom Ende der Geschichte Gen 38 her erscheint Thamars ungewöhnliches Tun als ein Akt solidarischer Bewahrung der Familie Judas[156]. Da Gen 38 nun aber keineswegs als eine für sich stehende Einzelerzählung angesehen werden kann, es sich hierbei vielmehr um eine auf den Zusammenhang des Genesisbuches hin abgestimmte Erzählung handelt, wachsen gerade auch der Nachricht von der Geburt der Zwillinge in Verbindung mit dem Motiv der Überwindung des Erstgeborenen durch den Zweitgeborenen weitere Bedeutungsdimensionen zu, wenn die nicht zu übersehenden Anspielungen auf die Geburt der beiden Isaaksöhne Jakob und Esau (Gen 25,24-26[29-34]) beachtet werden[157]. Angesichts dieses Bezugsfeldes ist die Rolle

---

[155] Gerade angesichts solcher Zusammenhänge erweist sich die vielfach vorgenommene Textkorrektur (vgl. Anm. 105) im ganzen als verfehlt.

[156] Indem Thamar überraschenderweise sogar Zwillinge gebiert (vgl. die „das Unerwartete dieses Ereignisses" [*H.J. Boecker*, Josefsgeschichte, 105] anzeigende Formulierung mit dem die entsprechende Darstellung eröffnenden „und siehe"), füllt sie die durch den Tod von Er und Onan entstandene Lücke auf, womit zugleich Judas Familienverband wieder ergänzt wird. Insofern kann V.27–30 durchaus als eine Bekräftigung der Gerechterklärung Thamars in V.26 gelesen werden.

[157] Hierzu insbesondere *E. Salm*, Juda, 154ff. – Die Entsprechung zur Geburt von Jakob und Esau zeigt sich vor allem anhand einer synoptischen Darstellung von Gen 38,27–30 und 25,24–26:

Thamars mit der Rebekkas vergleichbar, erscheint so in ihrer Nachfolge wie die Stammutter Israels[158]. Einen weiteren Bedeutungszuwachs erfährt die Gestalt der Thamar durch den Zusammenhang mit der Ruterzählung (vor allem Rut 4,12 und 17–22), die sich in der Bearbeitung, der diese Verse zuzurechnen sind[159], wie deren „beabsichtigte direkte Fortsetzung" liest[160]. Gezielt wird an „Perez, den Thamar

---

Gen 38, 27–30	*Gen 25, 24–26*
[1] Und es geschah zu der Zeit,	[1] Und es waren voll ihre Tage,
[2] *als sie gebären sollte,*	[2] *um zu gebären,*
[3] *siehe, Zwillinge in ihrem Leib.*	[3] *siehe, Zwillinge in ihrem Leib.*
[4] Dieser ist als *erster herausgekommen,*	[4] Und *es kam heraus als erster*
[5] und siehe, es kam heraus sein Bruder,	[5] …
[6] und er *rief seinen Namen* Perez.	[6] Und sie *riefen seinen Namen* Esau
[7] Und danach *kam heraus sein Bruder,*	[7] Und es *kam heraus sein Bruder,*
[8] *und er rief seinen Namen* Serach.	[8] *und er rief seinen Namen* Jakob.

Die Übereinstimmungen sind so erheblich, daß es sich hierbei nur um eine gezielte Bezugnahme aufeinander handeln kann. Der entscheidende Unterschied zwischen beiden Darstellungszusammenhängen besteht darin, daß bei Perez und Serach das Streitigmachen der Erstgeburt schon beim Geburtsvorgang geschieht, während es bei Jakob und Esau davon abgetrennt ist und sich erst dann ereignet, als beide schon erwachsen geworden sind, womit dieses Geschehen eine deutlich andere Qualität hat.

158 *E. Salm*, Juda, 157.

159 Im Gegensatz zum Trend der neueren Forschung, wonach die Ruterzählung im ganzen, einschließlich der immer wieder als spätere Ergänzungen verdächtigten Textpassagen in Rut 4, als eine literarisch einheitliche Erzählung zu verstehen ist (statt einer Wolke von Zeugen nur *I. Fischer*, Rut, 66ff), scheint m.E. nach wie vor die Annahme plausibler, daß die hier in Frage stehenden Textpassagen einer redaktionellen Bearbeitung der Ruterzählung zu verdanken sind (zur Begründung nach wie vor *E. Zenger*, Rut, 10ff), die ihr zugleich eine neue thematische Ausrichtung gegeben haben. Sollte es vielleicht gar sein, daß die Ausgestaltung bzw. Einstellung von Gen 38 in den Rahmen des Genesisbuches und die redaktionelle Ausgestaltung der Ruterzählung Teil eines geschlossenen Vorgangs sind?

160 *B. Jacob*, Genesis, 721.

dem Juda geboren hat“ (Rut 4,12) angeknüpft, der hierbei als Ahnherr Davids eingeführt ist, mit dessen Namen auch die ganze Ruterzählung schließt.

7. Daß Thamar sich gerade in die Familie des Juda einschaltet und diesem durch eine höchst risikoreiche Tat Zwillinge gebiert, mag auf den ersten Blick in der Tat rätselhaft erscheinen, und das um so mehr, als Juda angesichts seiner geburtsbestimmten Rangfolge keineswegs dazu prädestiniert ist, daß von ihm der zukünftige messianische Herrscher abstammen wird. Doch gibt es nicht allein in Gen 38 selbst unverkennbar Spuren, die einen derartigen, mit der Gestalt des Juda verbundenen Umschichtungsprozeß nahelegen. Bedenkenswert erscheint zunächst schon allein die aus den Brüdern herausgehobene Sonderrolle, die Juda in Gen 38 spielt, ohne daß eine solche hier aber erzählerisch angemessen vermittelt wäre. Verständlich wird sie jedoch angesichts eines mit Gen 37 einsetzenden und in der großen Judarede Gen 44,18–34 kulminierenden Vorgangs, in dessen Abfolge Juda nicht allein neben Ruben tritt und ihn dabei sogar überbietet, sondern es darüber hinaus zu einer Ablösung des ideellen Vorrangs des Erstgeborenen Ruben zugunsten Judas kommt[161]. Im Rahmen dieses Ablösungsprozesses kommt Gen 38 insofern eine höchst bedeutsame Rolle zu, als gerade vor dem Hintergrund des hier Erzählten der Wandel von seinem in Gen 37,25–27 berichteten Verhalten zu dem in Gen 43–44 Erzählten verständlich wird[162]. Wird angesichts dessen auch die Verlagerung der Gewichte von Ruben auf Juda einsichtig, so bedarf die besondere Rolle, die der Erzähler Juda in seiner Darstellung zumißt, einer weitergehenden Klärung. Bevor Thamar sich mit Juda einläßt, fordert sie von diesem ein Pfand. Mehreres ist dabei auffällig. „Merkwürdig ist die Zahl der Gegenstände, die verlangt werden, wo doch ein Stück ausgereicht hätte.“[163] Die Zahl, aber auch die Eigenart lassen darin etwas Besonderes sehen. „Mit Schnur und Stab“ nimmt Thamar „das Szepter

---

[161] Vgl. *W. Dietrich*, Josephserzählung, 21ff; ebenso *P. Weimar*, Bewegende Rede, 127ff.

[162] Vor allem *G. Fischer*, Josephsgeschichte, 245f.

[163] *J.A. Soggin*, Genesis, 449.

künftiger Königsherrschaft in Verwahrung, das Juda fahren zu lassen droht."[164] Dies gilt nicht minder für den an erster Stelle genannten Siegelring (vgl. Hag 2,23). Damit verstärkt sich nachhaltig der Eindruck einer für Gen 38 als bestimmend anzusehenden königlich-messianischen Perspektive, womit sich zugleich eine Verbindungslinie zum entsprechend getönten Judaspruch Gen 49,8–12 eröffnet. Angesichts eines zunehmend in den Blick tretenden literargeschichtlichen Zusammenhangs zwischen Gen 38 und den „Testament-Sprüchen" in Gen 49[165] verdienen die Zusammenhänge, die zwischen der Profilierung der Rolle des Juda in Gen 38 und dem Judaspruch Gen 49,8–12 bestehen, um so entschiedener Beachtung. Die in Gen 38 schon voll zum Tragen kommende Verschiebung der Gewichte zugunsten einer Sonderstellung Judas findet eine Begründung erst von Gen 49 her, insofern die dem Judaspruch vorangehenden Sprüche über Ruben (Gen 49,3+4) sowie Simeon und Levi (Gen 49,5–7) „unter Bezugnahme auf Gen 35,21f.* und Gen 34,25–26.30 darauf hinweisen, daß diese Söhne Jakobs ihr Erstgeburtsrecht verwirkt haben."[166] Um so wichtiger und gewichtiger tritt demgegenüber der Judaspruch selbst hervor, nicht allein hinsichtlich der darin zum Ausdruck kommenden Erwartung der herausragenden Stellung des Juda inmitten seiner Brüder (Gen 49,8), sondern vor allem auch in Anbetracht der Zusage, daß das Zepter nicht von Juda weichen werde, bis daß die Endzeit erreicht ist[167]. Daß es sich beim Judaspruch um eine eschatologisch bestimmte Erwartung handelt, ist nicht zu verkennen[168]. Eine messianische Deutung, wie sie schon in der jüdischen Überlieferung belegt ist, darf mit einigem Recht angenommen werden[169]. Angesichts der so zutage tretenden

---

[164] *B. Jacob*, Genesis, 723.

[165] Hierzu nachdrücklich *H.-Ch. Schmitt*, Josephsgeschichte, 303ff.

[166] *H.-Ch. Schmitt*, ebd. 302.

[167] Auf die vielfältigen Probleme, die der Judaspruch Gen 49,8–12 insgesamt aufgibt, kann ebensowenig eingegangen werden wie auf die besondere Problemlage von Gen 49,10.

[168] Hierzu nachdrücklich *H.-Ch. Schmitt*, Stammesgeschichte, 189–199.

[169] Dazu insbesondere *B. Jacob*, Genesis, 901ff, aber auch die Übersicht bei *H.-Ch. Schmitt*, Stammesgeschichte, 189ff.

Zusammenhänge erscheint Thamar geradezu als Ahnherrin des Messias.
Wie die im Vorangehenden offengelegten Sinnschichten im einzelnen nahelegen, eröffnen sich bedeutsame thematische Leitlinien und Zusammenhänge, wenn es sich bei Gen 38 gerade nicht um eine alte, isoliert tradierte, für sich bestehende, aus mündlicher Überlieferung entstammende, erst später schriftlich fixierte Erzählung, sondern um ein literarisch junges, auf den vorliegenden Textzusammenhang des Genesisbuches hin konzipiertes Gebilde handelt. Je mehr Gen 38 als eine hoch reflektierte theologische, nicht bloß sagenhaft bestimmte, volkstümliche Erzählung zu verstehen ist, um so deutlicher eröffnen sich neue, zuweilen höchst überraschende Verstehenshorizonte sowie Lesemöglichkeiten im Hinblick auf die auf den ersten Blick so verschlossene Gestalt der Thamar. Damit tritt unversehens wieder die Thamar in Blick, wie sie von Thomas Mann in der gleichnamigen Erzählung entworfen worden ist.

IV

„... Wie ein rabbinischer Midrasch" – Thomas Manns Kommentierung der Geschichte der Thamar

„Man hat in ‚Joseph und seine Brüder' einen Judenroman, wohl gar nur einen Roman für Juden sehen wollen. Nun, die alttestamentliche Stoffwahl war gewiß kein Zufall. Ganz gewiß stand sie in geheimem, trotzig-polemischem Zusammenhang mit Zeit-Tendenzen, die mir von Grund aus zuwider waren, mit dem in Deutschland besonders unerlaubten Rassenwahn, der einen Hauptbestandteil des faschistischen Pöbel-Mythos bildet. Einen Roman des jüdischen Geistes zu schreiben war zeitgemäß, gerade weil es unzeitgemäß schien. Es ist wahr, meine Erzählung hält sich mit immer halb scherzhafter Treulichkeit an die Darstellung der Genesis und liest sich oft wie eine Tora-Exegese und -Amplifikation, wie ein rabbinischer Midrasch. Und doch ist das Jüdische überall in dem Werk nur Vordergrund, wie der hebräische Tonfall seines Vortrags nur Vordergrund, nur ein Stilelement unter anderen, nur *eine* Schicht seiner das Archaische und Moderne, das Epische und das Analytische sonderbar vermischende Sprache ist" – mit diesen Worten hat Thomas Mann in einem 1942 gehaltenen, „Joseph und seine Brüder" betitelten Vortrag zum einen die Besonderheit seiner Josephsromane, zum anderen aber auch den methodischen Zugang zu seinem Stoff zu charakterisieren gesucht[170]. Mit seiner Bemerkung, die Josephromane seien „wie ein rabbinischer Midrasch", hat Thomas Mann selbst einen wichtigen Hinweis gegeben, wie und mit welcher Haltung den Josephsromanen zu begegnen ist. Ein „‚schöpferischer Kommentar' zur Bibel" sei der Midrasch, wie B. Bath-Strauss ausdrücklich hervorhebt. „Der alte Kommentar befand sich seinem Thema

---

[170] *Th. Mann*, Joseph und seine Brüder, 111.

gegenüber genau in der gleichen Lage wie der moderne literarische Künstler. Er mußte ‚eine Geschichte, die jedermann auswendig kannte‘, neu erzählen. Aber er mußte auch dem alten Stoff etwas Neues hinzufügen.“[171] Genau dies tut auch Thomas Mann. Um in die Rolle eines Kommentators schlüpfen zu können, hat er zwischen sich und dem Erzählten eine Zwischeninstanz einschaltet, den Erzähler.

1. Der Erzähler als Kommentator der biblischen Erzählung

Schon gleich zu Beginn der Thamarerzählung mischt sich der Erzähler in das Erzählgeschehen ein. Er erinnert das eine oder andere, stellt richtig, macht aufmerksam, tadelt auch seine Zuhörer, daß sie etwas nicht wissen, obschon wissen könnten. Mit dem Erzähler schafft sich der Autor eine Gestalt, die er zwischen sich und das Erzählte treten läßt, die es ihm ermöglicht, gegenüber dem Erzählten verschiedene Haltungen einzunehmen[172]. Am Beginn läßt der Erzähler eine geradezu wirkliche Erzählsituation entstehen. „Wir sehen uns um unter den Gesichtern der Zuhörer und bemerken nur auf sehr wenigen, auf ganz vereinzelten nur, die Erhellung des Wissens. Offenbar sind der großen Mehrzahl derer, die sich eingefunden haben, die genauen Umstände dieser Geschichte zu erfahren, nicht einmal ihre Grundtatsachen bekannt oder erinnerlich. Wir sollten das tadeln – wenn nicht die öffentliche Unwissenheit dem Erzähler auch wieder recht sein müßte und ihm zustatten käme, da sie sie Wichtigkeit seines Geschäftes steigert“ [266]. Der Erzähler weiß sich mit seinen Zuhörern zu einer Erzählgemeinschaft verbunden, die ihren besonderen Ausdruck in der direkten Anrede an die Zuhörer findet. „Ihr wißt also wirklich nicht mehr, habt es eures Wissens niemals gewußt, wer Thamar war?“ [266]. Auf diese Weise wird der Leser in die Rolle eines Zuhörers versetzt und

---

[171] *B. Badt-Strauss*, Thomas Mann, 222f; vgl. dazu auch *Ch. Jäger*, Humanisierung, 13f und *E. Drave*, Strukturen, 198.

[172] Zum Problem der Erzählereinmischungen vgl. vor allem *J. Hohmeyer*, Studien.

damit in das Geschehen der Erzählung selbst eingebunden. Indem der Erzähler von sich meistens in der ersten Person Plural („Wir“) redet, schafft er sich die Möglichkeit, sich mit seinen Zuhörern wie mit seinen Lesern zu einer Gemeinschaft zusammenzuschließen[173]. Mittels des „Wir“ wird aber nicht nur eine Erzähler und Zuhörer umfassende Gemeinschaft gestiftet, sondern darüber hinaus eine Gemeinschaft, die in der gemeinsamen (wenn auch zuweilen recht ungenauen) Kenntnis jener alten Geschichte begründet liegt, die der Erzähler hier noch einmal nacherzählt[174]. Doch neben dem Einvernehmen herstellenden „Wir“ schlüpft der Erzähler auch noch in eine andere Rolle, die des unpersönlichen „Man“[175]. „Beobachtet man, wie spät noch und wie weit ab von den Gründungen das Volk Jaakobs von seinen Meistern fluchend ermahnt werden mußte, die fremden Götter, Baalim und Astaroth, von sich zu tun und nicht mit den Moabitern Opferschmäuse zu halten, so hat man den Eindruck arger Ungefestigtheit und der Neigung zum Rückfall und Abfall bis in späteste Glied“ [276]. Der Gebrauch des unpersönlichen „Man“ ist dabei im einzelnen ebenso vielschichtig wie der des „Wir“. Mit Verweis auf die allgemeine Bekanntheit des Erzählten bei den Zuhörern, werden diese auf eigene Weise in den Erzählprozeß einbezogen, insofern sie sich zu einer Stellungnahme, einem Urteil herausgefordert sehen. Durch das unpersönliche „Man“ transzendiert der Erzähler aber auch

---

173 *Ch. Jäger*, Humanisierung, 139.

174 Vgl. *E. Heftrich*, Geträumte Taten, 51: „Daß jeder sie [die alte Geschichte] bereits kennt, ist die Voraussetzung, von der keineswegs stillschweigend ausgegangen wird. Vielmehr betont der Erzähler das immer wieder. So fühlt der Leser sich ernstgenommen, weil als aktiver Teilnehmer des Festes akzeptiert, anstatt daß er sich zum passiven Zuschauer herabgewürdigt sieht. Schon aus diesem Grund hat in einem Roman, der im zwanzigsten Jahrhundert einen uralten Stoff neu präsentiert, der Erzähler noch eine notwendige Funktion, weil nur durch ihn mit allen Graden und Brechungen, der Bekanntheit der Geschichte samt ihrer Herkunft und Überlieferung operiert werden kann. Zudem bietet sich für den Autor die Möglichkeit, mit dem eigentlich Selbstverständlichen zu kokettieren und den Leser dabei aufs angelegentlichste daran zu erinnern, daß seine Kenntnis doch recht lückenhaft ist.“

175 Zum Phänomen vgl. *Ch. Jäger*, Humanisierung, 142ff.

den Raum der Erzählung, indem damit sprichwörtliche, alltägliche Erfahrungen beim Hörer erinnert werden. „Wohlverstanden: in der Geschichte der Welt steht jeder. Man braucht nur in die Welt geboren zu sein, um so oder so und schlecht und recht durch sein bißchen Lebensgang zur Gänze des Weltprozesses sein Scherflein beizutragen“ [287]. Indem der Erzähler auch solcherart Erfahrungen allgemeiner Art in den Erzählvorgang einbezieht, wird auf geschickte Weise die Welt des Zuhörers mit der alten Geschichte verbunden, diese damit zu einer Geschichte gemacht, die etwas mit der Lebenswelt der Menschen zu tun hat, die als Zuhörer in das „Fest der Erzählung“ einbezogen sind. „Wir“ und „Man“ – in beiden Fällen, erscheint der Erzähler, indem er seine eingeschalteten Reflexionen mit der alten Geschichte verknüpft und diese in ein umfassendes Erzählgeschehen einbindet, als Ausleger der biblischen Erzählung. Indem er so letzten Endes die Rolle eines Kommentators einnimmt, der ergänzend, aber auch korrigierend in den überlieferten Text eingreift, läßt er zugleich deutlich werden, daß der überlieferte Text der Ergänzung bzw. Korrektur bedarf, also nicht vollständig ist.

In diesem Zusammenhang verdient gerade auch die Kritik Beachtung, die der Erzähler an seiner Vorlage übt. „Aber nicht bekannt, da die Chronik es übergeht, ist das Verhältnis Thamars zu Jaakob, obgleich es doch unentbehrliche Voraussetzung zu der Episode und merkwürdigen Randhandlung unserer Geschichte ist, die wir hier einschalten“ [268]. Obschon der Erzähler seiner Vorlage im allgemeinen mit der Haltung des Respekts gegenübertritt, zögert er auf der anderen Seite aber auch nicht, sie, wenn er etwas vermißt, mit Entschiedenheit zu tadeln. Einen solchen Tadel erlaubt er sich nicht zuletzt auch hinsichtlich der Darstellung des Segens Jaakobs über Juda [285]. Die von der Anlage der Thamarerzählung bei Thomas Mann notwendige Kritik der biblischen Vorlage, insofern anzuzweifeln ist, daß die dort überlieferten Geschehnisse in der richtigen Weise wiedergegeben sind, bringt indirekt auch zum Ausdruck, daß die biblische Vorlage den Charakter „eines auszulegenden, zu kommentierenden Textes“ vorweist[176],

---

176 *K. Hamburger*, Joseph-Roman, 21.

macht damit zugleich deutlich, daß die Thamarerzählung von Thomas Mann ein „weiterer Kommentar der Überlieferung“ ist[177]. Indem der Erzähler gleichsam korrigierend wie richtigstellend in seine Vorlage eingreift, schleicht sich in die Darstellung zugleich ein ironischer Unterton ein, der deutlich werden läßt, daß der Umgang mit der Vorlage nicht unbedingt als respektvoll zu kennzeichnen ist.

2. Die Thamarerzählung Thomas Manns als Kommentar der biblischen Erzählung

Für Thomas Manns Umgang mit der biblischen Überlieferung, wie er anhand der Thamarerzählung greifbar wird, ist ein tiefgreifender Umwandlungsprozeß kennzeichnend, der sich darin zeigt, daß die alte Geschichte von Thamar einerseits zwar – wenn auch mit unterschiedlicher Dichte und teilweise in anderer Reihenfolge – Zug um Zug paraphrasiert wird, andererseits aber durch die Hinzufügung von „Neuem“ eine aktualisierende Neudeutung erfährt. Dieses im Anschluß an die jüdische Tradition als „schöpferischer Kommentar“ zur Bibel zu benennende Auslegungsverfahren kann als bestimmend für Thomas Manns Umgang mit der biblischen Thamarerzählung – und nicht nur mit dieser – angesehen werden[178]. Eine derartige Auslegungstechnik „beinhaltet ein spielerisches Moment. Sie füllt biblische Erzählungen auf, identifiziert Personen, bereinigt Widersprüche, verbindet durch Analogie verschiedene Erzählungen miteinander.“[179] Für seine durchdringende Auslegung der biblischen Thamarerzählung beschränkt Thomas Mann sich aber nicht bloß auf eine zitierende bzw. anspielende Inanspruchnahme von Texten aus der biblisch-jüdischen Tradition, sondern bezieht in stärkerem Maße gerade auch kommentierende Darstellungen moderner Autoren in seine Neugestaltung der Geschichte Thamars ein[180]. Dies soll im

---

177 Vgl. hierzu auch *F.W. Golka*, Jakob, 18.

178 *B. Badt-Strauss*, Thomas Mann, 22f.

179 *E. Drave*, Strukturen, 198.

180 Zu den von Thomas Mann hauptsächlich genutzten Quellen vgl. schon die entsprechenden Hinweise Anm. 5.

folgenden exemplarisch anhand einiger Beispiele verdeutlicht werden, die so gewählt sind, daß hiermit zugleich für eine Neulesung der überlieferten Thamargeschichte bedeutsame Stationen angesprochen sind:

1. Höchstes Interesse darf in Thomas Manns Erzählung die grundlegende Neuorganisation der biblischen Thamargeschichte beanspruchen. Er greift zu einem höchst eigenwilligen Kunstgriff, der zwar ohne Verankerung in der biblisch-jüdischen Tradition ist, der aber mit Nachdruck das zielgerichtete Streben Thamars samt seinen damit verbundenen Implikationen zu erschließen vermag und so die Entwicklung der Thamarfigur auch psychologisch verständlich werden läßt. Während Thamar in Gen 38 gänzlich unvermittelt in den Rahmen der erzählten Geschichte eintritt, indem sie von Juda für seinen Erstgeborenen Er zur Frau genommen wird[181], sitzt sie in Thomas Manns Erzählung als aufmerksame Schülerin zu Füßen Jaakobs, um sich ihrer künftigen Rolle bewußt zu werden. Daß „Thamar Schülerin des Jaakob war, der in ihr den Willen reifen ließ, sich in das Königsgeschlecht ‚einzuschalten'", ist Thomas Manns ureigene Erfindung[182]. Impulsgebend hier-

---

[181] Wenn – wie hier vorausgesetzt (s.o.) – mit der Erzählnotiz Gen 38,6 im Rahmen der Komposition von Gen 38 nicht ein neuer Textabschnitt eröffnet, sondern der einleitende abgeschlossen wird, dann gilt es um so mehr, die chiastische Korrespondenz der Aussagen von V.2 und 6 zu beachten. Während die für Er erwählte Frau nur mit ihrem Namen genannt wird, ohne aber ihre Herkunft zu erwähnen, wird bei Judas Frau nur ihre Abkunft („Tochter eines kanaanitischen Mannes, und sein Name [war] Schua"), nicht aber ihr Name genannt, was, wie die Korrespondenz beider Aussagen unmißverständlich deutlich macht, dann ist dies gewiß nicht ohne Absicht geschehen, wie *B. Jacob*, Genesis, 712.723 nachdrücklich herausstellt: „Ihre Abkunft wird nicht angegeben, nur ihr Name, was um so sicherer absichtlich ist, als bei dem Weibe Judas das Gegenteil der Fall war. Ohne Zweifel war auch Tamar Tochter eines Kanaaniters, denn unter Kanaanitern lebte Juda und hatte für sich selbst ein Weib von ihnen genommen, so wird er für seinen Sohn dasselbe getan haben, und wahrscheinlich heißt es deshalb, daß er selbst die Wahl getroffen hat. In allen Fällen, wo der Vater für den Sohn wirbt, handelt es sich um Mischehen" (723).

[182] *H.N. Carlebach*, Thamar, 240, um sodann weiterzufahren: „Überhaupt lassen Talmud und Midrasch kein Wort verlauten über das Jaakob-Thamar-Verhältnis ... Nach der jüdischen Überlieferung

für scheint der große jüdische Kommentar zum Genesisbuch von Benno Jacob gewesen zu sein, der zu Thomas Manns Arbeitsmaterialien gehört und den er, wie nicht allein Tagebucheintragungen, sondern auch Unterstreichungen und Randbemerkungen zu erkennen geben[183], von der Thamarerzählung an intensiv genutzt hat[184]. „In unserem Falle kommt Juda erst nach dem Tode Ers auf die Schwagerehe, und Tamar hätte sie verweigern und sich für eine nicht gebundene Witwe halten können. Das tut sie nicht, sondern stellt sich trotz der üblen Erfahrung mit dem ersten Bruder schweigend dem zweiten zur Verfügung. Als auch dieser stirbt, nachdem er so schmählich an ihr gehandelt, sagt sie sich noch immer nicht von diesem Hause los, sondern wartet auf den dritten, und als ihr dieser vorenthalten wird, verlockt sie ihren Schwiegervater zur Beiwohnung. Die Triebfeder von alledem kann nicht gewesen sein, daß sie durchaus ein Kind *für sich* haben wollte, denn dazu hätte sie auch kommen können, wenn sie irgendeinen anderen Mann geheiratet hätte. Sondern sie ist sich der hohen Bestimmung bewußt, die sie erfüllen sollte, indem sie in Judas Familie heiratete. Man muß die Wortkargheit der Schrift zu ergänzen wissen, und es kann gar kein Zweifel sein, daß Juda, als er Tamar seinem ältesten Sohn zur Frau gab, sie über seine Familie, ihren Beruf und die göttlichen Verheißungen unterrichtete, und nachdem Ruben (35,22) und Simeon und Levi (c.34) verworfen waren, hatte er als der Nächste Grund, die Verheißung: ‚Könige werden aus deinen Lenden hervorgehen‘ (35,11; 17,16) auf sich zu beziehen. Und Tamar hat es begriffen, daß sie die Stammmutter dieser Könige werden soll und will nur noch diesem Berufe leben.“[185] Die in dieser Vorstellung eines „Unterrichts“ Thamars enthaltenen erzählerischen Möglichkeiten hat Thomas Mann hellsichtig erkannt und zum entscheidenden Konstruktionsprinzip seiner Geschichte der Tha-

---

ist Thamar eine Tochter Sems, Noahs Erstgeborenen, also gewissermaßen von der ‚Familie‘, wenn auch weitläufig.“

[183] Vgl. hierzu *E. Heftrich*, Geträumte Taten, 550 Anm. 7 sowie *B.J. Fischer*, Handbuch, 56 Nr. 4 (dort auch weitergehende Diskussion).

[184] Vgl. hierzu *H. Lehnert*, Josephstudien, 398f.

[185] *B. Jacob*, Genesis, 722.

mar gemacht – mit einer einzigen, wenn auch entscheidenden Veränderung. Nicht Juda, sondern Jaakob führt Thamar in ihre geschichtliche Sendung ein, eine vom Gesamtzusammenhang der Josephromane geradezu zwingende Konstruktion, insofern dadurch Thamar zugleich Joseph gegenübergestellt und für Jaakob zum Josephersatz wird. Innerhalb der biblischen Darstellung bleibt Thamar gänzlich passiv und ohne eigene Aktivität, und zwar bis zu dem Augenblick, da sie sich an die Wegkreuzung setzt, nachdem sie von Judas Reise nach Timna erfahren hat (V.14). Nicht nur das! Sie bleibt überdies völlig stumm und ohne ein Wort bis zu jener entscheidenden Szene am Wendepunkt der Erzählung, da Juda und Thamar sich gegenübertreten und sie erstmals das Wort – dieses in dreifacher Steigerung – findet. Während sie mehr und mehr die Initiative in die Hand bekommt, entgleitet Juda zunehmend der Faden der Handlung[186]. Daß Thamar aus dem Bewußtsein

[186] Eingebunden zwischen die beiden antithetisch sich gegenübertretenden Ecknotizen Gen 38,16a („Und er [Juda] bog ab zu ihr an den Weg ...“) und 19a („Und sie [Thamar] machte sich auf und ging ...“) entfaltet sich das Gespräch zwischen Juda und Thamar, dessen Gefälle sich nicht zuletzt anhand der Verknüpfung der beiden leitmotivartig verwendeten Worte „geben [*ntn*]“ und „eingehen [*bwʾ*]“ erkennbar wird. Die knapp gefaßte erzählerische Notiz V.18b („Und er gab [es] ihr und ging ein zu ihr, und sie wurde schwanger von ihm“) setzt dabei einen ebenso markanten wie bezeichnenden Schlußakzent einer Aussagereihe (zur doppelsinnigen Bedeutung des ersten Satzgliedes [„Und er gab [es] ihr“] vgl. *E.M. Menn*, Judah, 24f), die mit der Absichtserklärung Judas V.16a („Wohlan doch, ich will eingehen zu dir“) eröffnet worden ist. Von der zugehörigen Antwort Thamars V.16b („Was gibst du mir, daß du eingehst zu mir?“) ist die Absichtserklärung durch einen zwischengeschalteten Erzählerkommentar („fürwahr, nicht erkannte er, daß es seine Schwiegertochter war“) unterbrochen, womit eine beziehungsvolle Verbindung zur Notiz von Thamars Schwangersein durch Juda (V.18b) sowie der an Onan gerichteten Aufforderung zum Beischlaf mit Thamar („Geh ein zur Frau deines Bruders ... und richte Samen deinem Bruder auf!“; hierzu vgl. *B. Jacob*, Genesis, 716) geschaffen wird. Der mit der Frage Thamars verbundene Objektsatz in V.16b weist zum einen auf die Absichtserklärung Judas (V.16a) zurück, zum anderen wird auf die Erfüllungsnotiz V.18b vorverwiesen. Die Frage Thamars „Was gibst du mir?“ durchzieht das ganze nachfolgende Gespräch („Wenn du ein Pfand gibst“ [V.17b] – „ ... das Pfand, das ich dir gebe“ [V.18b] –

um ihre Bestimmung gehandelt habe, legt sich allenfalls aufgrund der inneren Konsequenz, mit der durch den Erzähler das Geschehen entfaltet wird, nahe[187]. Geschickt

---

„und er gab [es] ihr“ [V.18b]), wobei als Objekt jeweils (ob direkt oder indirekt) das von Juda einzuhändigende Pfand für die zugesagte Zusendung eines Ziegenböckchens von den Schafen genannt wird (V.17a). In seiner dreistufigen Abfolge (V.16 [„eingehen“] – V.17b [„schicken“] – V.18a [„geben“]), deren einzelne Gesprächsrunden mittels des Verbums „geben“ untereinander verknüpft sind, spitzt sich das Gespräch zwischen Juda und Thamar unverkennbar auf die Nennung des Pfandes in V.18a zu; die entsprechende Aussage ist sowohl aufgrund ihrer eingliedrigen Satzstruktur als auch des Nominalsatzcharakters hervorgehoben. Damit werden am Ende des Gesprächs jene drei Dinge genannt, die sie schließlich vor dem Tode bewahren werden. Indem das Gespräch zwischen Juda und Thamar zwischen V.16a und 18b eingeschaltet ist, tritt der Beischlaf zwischen beiden fast in den Hintergrund und bekommt so eine neue Dimension.

[187] Einblicke in die innere Struktur Thamars werden nicht eröffnet. Ebenso bleiben treibende Kräfte wie Motive ihres Handelns ungenannt. Andererseits überrascht die nicht zu verkennende Energie, mit der sie ihr Ziel in merkwürdig gerader und konsequenter Weise verfolgt. Auch innerhalb der biblischen Erzählung ist Thamar nicht das unbedarfte „Landmädchen“ [287], wie es auf den ersten Blick erscheinen mag; dies ergibt sich letztlich aus der Zielstrebigkeit ihres Handelns. Daß Thamar sich von Juda „drei Gegenstände von individueller Beschaffenheit“ (*B. Jacob*, Genesis, 717) als Pfand ausbedingt, hängt zunächst zweifelsohne damit zusammen, daß sie aufgrund ihrer individuellen Beschaffenheit als untrüglicher Ausweis ihres Eigentümers dienen, was aber weder die auffällige Dreizahl noch die besondere Eigenart der von Thamar verlangten Pfänder verständlich werden läßt. Ist es zutreffend, daß Thamar „mit Schnur und Stab ... das Szepter künftiger Königsherrschaft in Verwahrung“ nimmt (so *B. Jacob*, ebd. 723), dann lassen sich die Juda abverlangten Pfänder nicht bloß als eine Art „Identitätsausweis“ verstehen, vielmehr dokumentiert sich in ihnen, auch wenn dies nicht offen ausgesprochen wird, ein Wissen um ihre geheime Bestimmung. Vor diesem Hintergrund wird dann aber auch die innere Logik verständlich, daß Thamars Bemühen sich mit einem Male nicht mehr auf Schela, sondern auf Juda selbst richtet, weil Juda eben der Ahnherr des künftigen, messianischen Königs zu sein hat. Auch wenn über die Gedankengänge und Absichten Thamars nichts verlautet, ist ihr Handeln innerhalb der von ihr erzählten Geschichte im ganzen von einer großen Konsequenz bestimmt, so daß es geradezu den Anschein hat, als handele Thamar aus einer inneren Bestimmung heraus.

nutzt Thomas Mann in seiner Darstellung der Geschichte der Thamar diese Lücke aus, indem er gerade die Motive ihres Handelns einträgt. Aus diesem Grunde wird Thamar zur Schülerin Jaakobs, die zu seinen Füßen sitzt. In den „Lehrstunden" [286], die sie durch Jaakob erfährt, reift in ihr der Gedanke wie die Entschlossenheit, Königsmutter zu werden („Eine Vor-Mutter Shilohs wollte sie sein" [288]).

2. Die Lehrstunden Thamars bei Jaakob haben zweifellos eine Klärung ihrer Gedanken und ihres Wollens bewirkt. „Thamar hatte über die Welt und ihre Zielstrebigkeit nur belehrt zu werden brauchen, um zu dem unbedingten Entschluß zu gelangen, ihr Weibtum mit dieser Zielstrebigkeit zu verbinden und weltgeschichtlich zu werden [...] Kaum war sie belehrt, so wollte sie – oder richtiger: sie hatte Belehrung genommen, um zu erfahren, was sie wollte und nicht wollte. Sie wollte nicht abseits wimmeln. Recht auf die Bahn wollte dies Landmädchen sich bringen, die Bahn der Verheißung [...] Eine Vor-Mutter Shilohs wollte sie sein" [287f]. Hiermit ist der Kern aller Belehrung angesprochen, die Thamar durch Jaakob empfangen hat. „Wovon sprach er zu ihr? Er sprach ihr von Shiloh" [285]. Mit der Nennung des Shiloh greift der Erzähler dem Fortgang der biblischen Erzählung weit vor, indem er auf den Segen Jaakobs über Juda anspielt. „Es wird das Scepter von Juda nicht entwendet werden, noch ein Meister von seinen Füßen, bis daß der Held komme; und demselben werden die Völker anhangen" (Gen 49,10). Die messianische Ausdeutung des kommenden Helden, „Shiloh" genannt, steht im Gefolge von Martin Luthers Bibelübersetzung samt der zugehörigen Randglosse[188]. Durch die Frage „Wen oder was meinte er mit Shiloh?" [285] eingeleitet, hebt der Erzähler zu einer breit ausgebauten kommentarhaften Erörterung an. „Shiloh war nichts als ein Stadtname vorderhand, der Name einer ummauerten Ortschaft weiter nördlich im Lande [...] – kein sonderlich heiliger Platz. Er hieß aber

---

[188] Die Deutung der Stelle ist ebenso umstritten wie die Korrektheit des überlieferten Textes; hierzu vgl. jüngst die Übersicht bei *J.A. Soggin*, Genesis, 538f; *R. de Hoop*, Genesis 49, 122ff und *J. Ebach*, Genesis 37–50, 600ff; vgl. außerdem *H.N. Carlebach*, Thamar, 246.

Ruhe- und Rastplatz, denn das meint ‚Schiloh‘; Frieden meint es und frohes Eratmen nach blutiger Fehde und ist ein Segenslaut, tauglich als Eigenname so gut wie als Name des Platzes. Darum, wie Sichem, der Burgsohn, ebenso hieß wie seine Stadt, mochte auch Shiloh als Name dienen für einen Mann und Menschensohn, Friedreich geheißen, den Träger und Bringer des Friedens. In Jaakobs Gedanken war er der Mann der Gewärtigung, den Menschen verheißen in frühesten und immer erneuerten Angelobungen und Fingerzeigen, verheißen dem Schoße des Weibes, verheißen in Noahs Segen für Sem, verheißen dem Abraham, durch dessen Samen alle Geschlechter auf Erden sollten gesegnet sein: der Friedensfürst und der Gesalbte, der da herrschen würde von Meer zu Meer und vom Fluß bis zum Ende der Welt, dem alle Könige sich beugen und alle Völker anhangen würden, der Held, der einst erweckt werden sollte aus erwähltem Samen, und dem der Stuhl seines Königreiches sollte bestätigt sein ewiglich. Ihn, der da kommen würde, nannte er Shiloh“ [285f]. Die vorgestellte Deuteperspektive des Shiloh kann – wie die beigefügten, anspielungsreichen Titulaturen eindrucksvoll belegen – nur als messianisch bezeichnet werden. Zweifellos knüpft diese messianische Ausdeutung der Nennung des Shiloh an die entsprechende Randbemerkung zur Erwählung des „Scepters von Juda“ in Gen 49,10 in Martin Luthers Bibelübersetzung an. »Hie fehet an der Segen von Christo / der von Juda geborn solt werden. Vnd heisst jn Silo / das ist / der Glückselig sein / vnd frisch durchdringen solt / mit geist vnd glauben das zuuor durch werck saur vnd vnselig ding war. Darumb nennen wir Silo / ein Helt. Denn das vorige teil dis Segens / betrifft den König Dauid / Vnd ist sonst in allen segen nichts mehr von Chri-sto / Sondern alles ander ist von zeitlichem heil / das den kindern Jsrael gegeben ist.“

Die Einzelheiten dieser Erörterung sind wiederum dem Genesiskommentar von Benno Jacob entliehen. Das gilt insbesondere hinsichtlich der Deutung des Satzelements „bis daß Schilo kommt“, „womit wir zur umstrittensten Stelle des ganzen Buches gelangen“[189]. Was ist mit diesem

---

[189] *B. Jacob*, Genesis, 903.

Satzelement und was ist insbesondere mit dem Wort Schilo gemeint? Diese Frage stellt sich um so mehr, wenn nicht mehr oder minder stark in den überlieferten Text ändernd eingegriffen wird, sondern wenn der rezipierte „Konsonantentext mit der masoretischen Vokalisation beibehalten“ wird[190]. Wie sehr die zu diesem Zweck entworfene klassifizierende Übersicht der verschiedenen Deutungen für Thomas Mann von Bedeutung gewesen ist, kann anhand einer Gegenüberstellung der entsprechenden Aussagen in synoptischer Form vor Augen geführt werden:

Benno Jacob	*Thomas Mann*
[1] *šjlh* ist eine Ableitung von *šlh* ruhen […]: *bis Ruhe kommt*, was die Idee des ewigen Friedens in dem zu erwartenden messianischen Zeitalter aussprechen soll, oder […] *bis daß er zur Ruhstatt kommt*, oder da dies … zu abstrakt sei, *bis der Beruhiger* […], *der Friedensspender kommt*, womit entweder Salomo […] oder der Messias […] gemeint sei [903]	Er hieß aber Ruhe- und Rastplatz, denn das meint ‚Shiloh‘; Frieden meint es und frohes Eratmen nach blutiger Fehde und ist ein Segenslaut, tauglich als ein Eigenname so gut wie als Name des Platzes. Darum, wie Sichem, der Burgsohn, ebenso hieß wie seine Stadt, mochte auch Shiloh als Name dienen für einen Mann und Menschensohn, Friedreich geheißen, den Träger und Bringer des Friedens [285]
[2] Es ist der Name einer Person, und zwar des künftigen Messias	Ihn, der da kommen würde, nannte er Shiloh, – und nun ist man dringend aufgefordert, sich's vorzustellen und es sich einzubilden, so gut man nur kann, wie Jaakob, der Aus- und Eindrucksreiche, in diesen Lehrstunden, das Anfänglichste mit dem Zukünftigsten verbindend, von Shiloh sprach [286]
[3] *šjlh* ist der Name der bekannten Stadt im Gebiete Ephraim, die hier so geschrieben ist […] Dieser Ort war in der vordavidischen Zeit ein Mittelpunkt für Israel. Hierhin hatte Josua (18,1ff.) nach beendigter Eroberung des Landes das Stiftszelt	Shiloh war nichts als ein Stadtname vorderhand, der Name einer ummauerten Ortschaft weiter nördlich im Lande, wo öfters die Landeskinder, wenn sie gekriegt und gesiegt hatten, zusammenkamen, um untereinander die Beute zu teilen, – kein

190 *B. Jacob*, ebd. 903.

überführen lassen, um vor IHM […] die Verteilung an die Stämme vornehmen zu lassen. Hierhin wurde später gewallfahrtet […] Da das Wort nichts anderes als einen Ort bezeichnen kann und es keinen andern dieses Namens gibt, […] so scheint keine andere Übersetzung möglich oder zulässig als: *bis dass* [*er?*] *nach Schilo kommt* [904]	sonderlich heiliger Platz [285]

In der durch die Frage „Wen oder was meinte er mit Shiloh?“ [285] ausgelösten Erörterung folgt Thomas Mann sehr eng den Darlegungen in Benno Jacobs Kommentar, zumindest in der Auflistung der Deutungen von Schilo bei Beibehaltung der überlieferten Lesart. Dies gilt aber keineswegs hinsichtlich der Deutung selbst, wie allein schon anhand der Neuorganisation der Vorlage erkennbar wird. Dem überlieferten masoretischen Text folgend, legt sich für Benno Jacob hinsichtlich eines Verständnisses von Gen 49,10 die folgende Deuteperspektive nahe: „Unser Ausspruch verheißt die Versöhnung der Stammesgegensätze durch eine Lösung, die beiden Teilen gerecht wird; *ein Königtum aus Juda, auf ephraemitischem Boden von Neuem proklamiert, zu Schilo, dem altgeheiligten Wallfahrtsort*, der sich zu Sichem, wo sich je und je die Stämme versammelten, verhielt wie der Zion zu Jerusalem, und wenn nicht der Sitz doch die Krönungsstadt für den Herrscher werden soll. Das Königtum ist für die Genesis als der Höhepunkt (17,6.16; 35,11) verkündet sowohl dem Urheber des Geschlechtes als dem Vater des zwölfstämmigen Volkes. Daß es Juda zugedacht ist, lehrt c.38, und wenn der sterbende Erzvater seinen Söhnen verkünden soll, was ihnen ‚am Ende der Tage‘ geschehen soll, so kann er unmöglich von der Herrschaft aus Juda geschwiegen haben [...] Eine solche Erklärung befreit die Stelle von allem eschatologischen Zwang und den messianischen Gedanken. Die Genesis hofft zwar, daß sich einst ‚alle Geschlechter der Erde mit Abraham und seinem Samen segnen werden‘ und die Einheit des Menschengeschlechtes steht ihr von Anfang an fest, aber von einer politischen Oberherrschaft eines Davididen über alle Völker der Welt träumen auch die Propheten nicht und nur an eine politische kann in unserem Verse gedacht sein.“[191] Diesem sich dezidiert gegen eine eschatologisch-messianische Deutung richtenden Verständnis von Gen 49,10 bei Benno Jacob läßt Thomas Mann im Gefolge der Lutherschen Bibelübersetzung eine messianische getönte Ausdeutung gegenübertreten, greifbar anhand der Umorganisation der im Kommentar von Jacob aufgelisteten Deutungen von *šjlh*, zusätzlich verstärkt durch die in dichter Folge begegnenden, collageartig zusammengestellten messianischen Anspielungen[192]: „... verheißen dem Schoß des Weibes, verheißen in Noahs Segen für Sem [Gen 9,26], verheißen dem Abraham, durch dessen Samen alle Geschlechter auf Erden sollten gesegnet sein [Gen 12,3; 22,18; 26,4]: der Friedensfürst [Jes 9,6] und der Gesalbte [Ps 89,52; 132,17], der da herrschen würde von Meer und Meer und vom Fluß bis zum Ende der Welt [Ps 72,8], dem alle Könige sich beugen [Ps 72,9] und alle Völker anhangen würden [Ps 72,11], der Held [Jes 9,6], der einst erweckt werden sollte aus erwähltem Samen [2 Sam 7,12], und dem der Stuhl seines Königreiches sollte bestätigt sein ewiglich [2 Sam 7,13; vgl. Jes 9,7]“ [285f]. Mit Hilfe dieses dichten Anspielungsgeflechts auf messianisch gedeutete Weissagungen des Alten Testaments gewinnt die hinsichtlich ihrer Deutung stark umstrittene Gestalt des Shilo ein neues Profil.

3. In der hier angelegten thematischen Verbindung zwischen dem Segensspruch über Juda in Gen 49,8–12 und der Thamarerzählung von Gen 38 greift Thomas Mann zu einem literarischen Kunstgriff, indem er den Erzähler Tadel an seiner Quelle üben läßt. „Die Annahme ging völlig fehl, daß Jaakob erst auf dem Totenbett, einer Sterbe-Eingebung gemäß, sich über Shiloh, den Helden, ergangen hätte. Er hatte damals überhaupt keine Eingebungen, sondern ließ feierlich nur längst Vorbereitetes hören, was er bedacht und sich zurechtgelegt hatte ein halbes Leben lang, und wofür seine Sterbestunde eben nur die Weihe hergeben mußte. Dies betrifft die Segenssprüche und

[191] *B. Jacob*, ebd. 907ff.

[192] Zum Phänomen selbst vgl. *Ch. Schäfer*, Humanisierung, 120ff.

fluchartigen Beurteilungen der Söhne so gut wie die Erwähnung der Verheißungsfigur, die er Shiloh nannte, und mit der seine Gedanken zu Thamars Zeit längst angefangen hatten sich zu beschäftigen, wenn er auch zu niemandem sonst, als zu ihr, davon sprach, zum Dank ihrer großen Aufmerksamkeit und deswegen, weil er mit Resten seiner Gefühlskraft etwas verliebt in sie war“ [285]. Wenn sich so Jaakobs Kundgebung über Shiloh nicht einer plötzlichen Eingebung auf dem Sterbebette verdankt, sondern eine Sache ist, die sich bei ihm schon längst ausgebildet hat, dann nimmt Thomas Mann auch hierin einen Gedanken auf, der schon in Benno Jacobs Genesiskommentar vorgeprägt ist. Auch wenn die Tradition dabei blieb, „daß wirklich der Erzvater Jakob diese Ansprache auf dem Sterbebette an seine Söhne gehalten habe“, wäre es aus einem sachlichen Grunde „unbegreiflich, daß ein in den letzten Zügen liegender Greis eine solche Ansprache gehalten haben soll, die voll Kraft und Feuer, mit ihrem hochpoetischen Schwung und Glanz der Rede in Kühnheit der Bilder, Wahl edler Worte und dem Rhythmus der Satzglieder zu den vollendetsten Erzeugnissen der prophetischen Dichtung der Hebräer gehört [...] Es ist schon eine großartige Konzeption, das gesamte künftige Volk in einer solchen Szene vorzustellen: die Ahnen der zwölf Stämme am Sterbebett des Patriarchen, um die letzten Worte des greisen Vaters zu vernehmen, der ihnen einen Spiegel vorhält und dem sich im Angesicht des Todes die Zukunft entschleiert“[193]. Wenn innerhalb der Jaakobsprüche Juda nicht allein gleichgewichtig neben Josef tritt, ihm gar der Vorrang vor diesem gebührt, dann eröffnet sich die dafür bestimmende und grundlegende Perspektive, auch wenn ein solcher Zusammenhang allenfalls indirekt greifbar ist, nicht zuletzt von Gen 38 her, insofern gerade hier die Sonderstellung

---

[193] *B. Jacob*, Genesis, 928f. – Was hier auf die Zeit der Abfassung der Jaakobsprüche bezogen ist, gibt indirekt auch Anstoß, die Unmöglichkeit, daß Jaakob auf seinem Sterbebett eine solche Rede gehalten haben könne, mit dem Gedanken zu verbinden, daß die darin sich äußernde kühne Idee – biographisch gewendet – schon längst vorgeprägt gewesen ist, und dies nirgends anders als in der Unterweisung Thamars, wie gerade *B. Jacob*, ebd. 722 ausdrücklich festhält (s.o.).

Judas als Träger zukünftigen Heils grundgelegt ist[194]. Daß zwischen den beiden Kapiteln Gen 38 und 49 ein Zusammenhang besteht, legt sich schon aufgrund ihrer gemeinsamen literargeschichtlichen Herkunft nahe (s.o.), bekommt aber nicht zuletzt von daher einen mächtigen Impuls, als mit der Nennung Schelas (*šelāh*), des Thamar vorenthaltenen dritten Judasohnes, und dem in Gen 49,10 genannten Schilo (*šîlôh*) eine wortspielartige Verbindung zu bestehen scheint[195]. Angesichts dessen kann in Gen 49 der Schlüssel auch zum Verständnis von Gen 38 gesehen werden[196]. Erschließt sich innerhalb des Genesisbuches ein solcher Zusammenhang eher indirekt, so werden die entsprechenden Querverbindungen in der Tamarerzählung von Thomas Mann als Konstruktionsprinzip genutzt, um die angezielten Verbindungslinien sichtbar werden zu lassen. Entsprechend dem Bauplan der Thamarerzählung wird Thamar als Schülerin, die zu Jaakobs Füßen sitzt und am Unterweisungsbaum Belehrung erfährt, in den Rahmen der Erzählung eingeführt [266], womit sich ein großer Bogen spannt zum Beginn des dritten Kapitels, wo Thamar immer

---

[194] Zur Rolle Judas in Gen 49 vgl. hier nur die Anmerkungen bei *J. Ebach*, Genesis 37–50, 572f; zur Rezeption bei Thomas Mann vgl. insbesondere *F.W. Golka*, Joseph, 190–194 und im Anschluß hieran *J. Ebach*, ebd. 637.

[195] Gleichwie im einzelnen die beiden Worte zu deuten sein mögen (HAL s.v.), scheint eine derart wortspielartige Verbindung zwischen beiden Stellen durchaus denkbar, wird auf diese Weise doch in dem erwarteten Schilo die Erinnerung an Schela, den Thamar vorenthaltenen dritten Judasohn, und damit auch die Erinnerung an das in Gen 38 erzählte Geschehen, so isoliert es auch innerhalb des gegebenen literarischen Rahmens erscheinen mag, wachgehalten und hebt damit auf andere Weise nochmals die bestehenden verborgenen Verbindungslinien zwischen Gen 38 und 49 ins Bewußtsein.

[196] Nachdrücklich herausgestellt durch *F.W. Golka*, Joseph, 26.75, der dies mit der speziellen bibelexegetischen Leistung von Thomas Mann in Verbindung bringt, der sich aber auch in diesem Punkt „wieder mit Erfolg gegen die alttestamentliche Wissenschaft gestellt“ hat (75). Dabei sollte zum wiederholten Male bedacht werden, daß die Anregung zu einer derartigen Konstruktion erneut von der Kommentierung des Genesisbuches durch Benno Jacob ausgehen wird. In der neueren Forschung haben die bestehenden literarischen Zusammenhänge zwischen Gen 38 und 49 mehrfach Beachtung gefunden (s.o.).

noch zu Füßen Jaakobs sitzt und seine Belehrungen und Gedanken in sich aufnimmt, gleichsam in sich aufsaugt, Gedanken, die sich auf niemand anderes als Juda beziehen. Und so endet die erste Hälfte der Thamarerzählung durchaus konsequent, indem durch den Erzähler, aus Thamars Sichtweise heraus formuliert, der Lerneffekt der Lehrstunden Jaakobs festgehalten wird. „Wer war es? Über wessen Scheitel würde der Vater sein Horn erheben, daß er ihn zum Erben salbe? Thamar hatte Finger, es sich daran auszurechnen. Drei waren verflucht, der Liebling aber, der Sohn der Rechten, war tot. Nicht Liebe konnte den Erbgang lenken, und wo die Liebe hinweggenommen, bleibt nichts als Gerechtigkeit. Gerechtigkeit war das Horn, aus dem das Öl der Erwählung träufeln mußte auf den Scheitel des Vierten. Juda, er war der Erbe“ [286f]. Was hier formuliert ist, ist nichts anderes als eine bis in den Wortlaut hineinreichende Resonanz eines zu Ende des Eingangskapitels ausgesprochenen Gedankens. „Wer aber war der Erwählte unter den Brüdern, von dem es kommen sollte? [...] Nicht Ruben, der Älteste, der wie ein überkochend dahinschießendes Wasser war und hatte das Flußpferd gespielt. Nicht Schimeon und Levi, die persönlich nichts als geölte Flegel waren und ebenfalls Unvergeßbares auf dem Kerbholz hatten [...] Diese drei waren verflucht, soweit eben Israel verflucht sein konnte: sie kamen in Wegfall. Und also mußte der Vierte es sein, der nach ihnen kam, Juda – er war's“ [274]. Was Juda sich ausrechnen konnte, was Thamar dadurch, daß sie „lauschte der Lehre Israels“ [279], in sich aufnahm, erhellt sich vor allem von den Testamentsprüchen Jaakobs auf seinem Sterbebett her, wobei sich die Zusammenhänge mittels der folgenden synoptischen Darstellung verdeutlichen lassen:

Der Vierte	*Die Sterbeversammlung*	*Gen 49*	*Benno Jacob*
Nicht *Ruben*, der Älteste, der wie ein überkochend dahinschießendes Wasser war und hatte das	*Ruben,* mein größester Sohn [...] du bist meine früheste Macht und meiner Mannheit Erstling	*Ruben*, mein erster Sohn, du bist meine Kraft und meine erste Macht, der Oberste im	Erstgeborener zu sein ist nicht etwas Zufälliges und Gleichgültiges, du bist *meine Kraft und Erstling meiner*

Flußpferd gespielt [274]	[...] Er schoß dahin wie Wasser [...] Wie siedend Wasser brodelte er aus dem Topf. Er soll nicht der Oberste sein und nicht des Hauses Tragepflock, er soll keinen Vorzug haben. Auf seines Vaters Lager ist er gestiegen und hat mein Bette besudelt mit seinem Aufsteigen […] Denn du taugst nicht zur Führung und verworfen ist deine Erstlingsschaft [521f]	Opfer und der Oberste im Reich. Er fuhr leichtfertig dahin wie Wasser. Du sollst nicht der Oberste sein; denn du bist auf deines Vaters Lager gestiegen, daselbst hast du mein Bette besudelt mit dem Aufsteigen (V.3–4)	*Mannheit*, die erste Frucht meiner Ehe […] Ruben wird als der Erstgeborene der Pflock genannt, der den Hausrat trägt [...] Der Tragepflock des Hauses ist der Erstgeborene [...] „Wie das Wasser im Topfe, von der Hitze erregt, aufkocht und übersprudelt, so hat Ruben von heißer Leidenschaft getrieben die Grenze des Rechten überschritten [...]“ […] und *ein mächtiger Vorzug* hätte dies von vornherein bedeuten können […] Zu dieser Verwerfung Rubens stimmt alles, was die Geschichte über ihn und seinen Stamm berichtet. Daß er der älteste Sohn war, ist ihm nie bestritten worden, aber zur Führung hat er sich nicht tauglich erwiesen [892ff]
Nicht *Schimeon* und *Levi*, die persönlich nichts als geölte Flegel waren	Und *Schimeon* und *Levi* beugten sich über. [...] Zwillinge waren sie gar	Die Brüder *Simeon* und *Levi*, ihre Schwerter sind mörderi-	*Simeon* und *Levi*, Brüder [...] es soll mit überlegener Ironie begründen, warum

und ebenfalls Unvergeßbares auf dem Kerbholz hatten. Denn sie hatten sich aufgeführt zu Schekem wie wilde Heiden und sich benommen wie Feldteufel in Hemors Stadt [274]

nicht, nur unzertrennlich […] Sie küssen die Geräte der Gewalt, ich will nichts wissen von ihnen. Ich liebe das nicht, ihr Wüsten. Meine Seele komme nicht in ihren Rat und meine Ehre habe nichts gemein mit der ihren. Ihre Wut hat den Mann erschlagen und ihr Mutwillen am Stiere gefrevelt, dafür traf sie der Fluch der Beleidigten, und verhängt war ihnen Untergang. Was habe ich ihnen gesagt? Verflucht sei ihr Zorn, daß er so heftig, und ihr Grimm, daß er so störrisch ist! Das habe ich euch gesagt. Seid verflucht, meine Lieben, verflucht unterm Segen. Getrennt sollt ihr sein und voneinandergenommen, daß ihr nicht Unfug übt mit-

sche Waffen. Meine Seele komme nicht in ihren Rat, und meine Ehre sei nicht in ihrer Kirche; denn in ihrem Zorn haben sie den Mann erwürget, und in ihrem Mutwillen haben sie den Ochsen verderbet. Verflucht sei ihr Zorn, daß er so heftig ist, und ihr Grimm, daß er so störrig ist. Ich will sie zerteilen in Jakob, und zerstreuen in Israel (V.5–7)

sie Jakob in einem Spruch glaubt zusammennehmen zu dürfen und ihre Verurteilung vorbereiten [...] Der Zusammenhang ist also: Simeon und Levi die unzertrennlichen Brüder! Geräte der Gewalt ihre Verwandten! Ich, der Vater, möchte nicht in ihrem Bunde der Dritte sein [...] Die umschreibende Mißbilligung von 5a wird nunmehr zu einer offenen Verdammung, und während jene nur erst die Werkzeuge nannte, erstreckt diese sich auf den handelnden Affekt, aber, was zu beachten ist, nur er wird verflucht, nicht die Personen, so wenig dies bei Ruben geschah [...]: die beiden Brüder, die zu einer Missetat so fest zusammenhielten, daß sie für Einen gelten konnten, sollen *von einander* getrennt werden.

	sammen für und für. Sei zerstreut in Jaakob, mein Levi! Dein sei ein Los und Land immerhin, starker Schimeon, aber ich sehe, es ist nicht eigenständig und gehet auf in Israel [523]	Simeon und Levi sollen künftig nicht mehr die Möglichkeit zu gemeinschaftlichen Unternehmungen haben [895ff]

Angesichts dieser Zusammenhänge[197] erscheint es nur konsequent, wenn der Erzähler – über die Darstellung des Genesisbuches hinausgehend, diese geradezu korrigierend – Thamar samt ihren beiden Söhnen bei der Sterbeversammlung anwesend sein läßt. „Aber das Gegenlicht der beiden Öllampen, die auf hohen Ständern am Kopf- und Fußende des Sterbebettes loderten, erlaubt uns doch eine prägnante Gestalt dort draußen mit aller Bestimmtheit auszumachen: eine hagere Matrone in Schwarz, zwischen zwei auffallend breitschultrigen Männern, das graue Haar von einem Schleier bedeckt. Kein Zweifel, es war Thamar, die Ent-

---

[197] Zu den Anlehnungen im Sterbesegen an Benno Jacob vgl. auch *B.J. Fischer*, Handbuch, 763f. – Erneut – bis in den Wortlaut hinein – erweist sich Benno Jacobs Genesiskommentar als Inspirationsquelle, was nun aber nicht allein für die Ausformulierung des Sterbesegens über Ruben sowie Simeon und Levi gilt, sondern gleichermaßen schon hinsichtlich der Reflexion, wer nun der Erwählte sei, am Schluß des ersten Kapitels der eingeschalteten Thamarerzählung, wie nachgerade die wörtlichen Übereinstimmungen bei der Charakterisierung Rubens („wie ein überkochend dahinschießendes Wasser“ [274]||„Er schoß dahin wie Wasser [...] Wie siedend Wasser brodelte er aus dem Topf“ [522]) zu zeigen vermögen. Angeregt durch Benno Jacob macht Thomas Mann dabei – trotz des vom Erzähler geübten Tadels an seiner Quelle – eigentlich nur etwas explizit, was innerhalb des Genesisbuches selbst schon angelegt ist. – Wichtige Hinweise zur Entschlüsselung der Passage des „Rubensegens“ bei Thomas Mann finden sich bei *J. Ebach*, Genesis 37–50, 637ff, seinerseits wiederum Bezug nehmend auf entsprechende Beobachtungen bei *F.W. Golka*, Joseph, 190ff.

schlossene, mit ihren weidlichen Söhnen. Sie war nicht hereingekommen, sondern hielt sich draußen für den Fall, daß Jaakob bei seinen Sterbereden auf Juda's Sünde mit ihr sollte zu sprechen kommen. Aber zur Stelle war sie – und ob sie zur Stelle war, da Jaakob den Segen vererben sollte auf den, mit dem sie am Wege gebuhlt und sich auf den Weg gebracht! Auch ohne das Lampenlicht von hier drinnen wäre ihr stolzer Schattenriß vor dem halb regnerisch farbigen Abendhimmel uns nicht entgangen. Der, welcher sie einst die Welt gelehrt und die große Geschichte, in die sie sich eingeschaltet, er, der die Sterbeversammlung einberufen, Jaakob ben Jizchak, der von Esau gesegnete, lag, von Kissen gestützt, unter einem Widderfell, im Hintergrund auf seinem Bette“ [520]. In mehr als einer Beziehung ruft der Schattenriß der Thamar angesichts der Sterbeversammlung die Erinnerung an das Fünfte Hauptstück wach. Ein letztes Mal begegnen Thamar und Jaakob, wenn auch nicht unmittelbar, einander. Jetzt, in der Sterbeversammlung, erfüllt sich Thamars Bestimmung. Die Entschlossene ist am Ziel, indem Jaakob Judas Segen überreich strömen ließ. „Eine Löwenbrut war Juda, aus dem Wurf einer Löwin, ein unverfälschter Leu. Vom Raube richtete der Reißende sich auf, er fauchte und donnerte [...] Und doch ging Jaakob beim Juda-Segen gar nicht aufs Raub-Heldische aus. Der Held, auf den er abzielte und den er sich längst schon hervorgedacht, war nicht von der Art, an deren brüllende Pracht sich die Schwäche verliert, – Schilo war sein Name. Vom Löwen zu ihm war es weit; darum macht der Segnende einen Übergang: er fügte das Gesicht eines großen Königs ein. Der König saß auf seinem Stuhl, und der Herrscherstab lehnte zwischen seinen Füßen, der sollte von dort nicht weichen, noch von ihm genommen sein, bis daß ‚der Held‘ käme, bis daß Schilo erschiene. Für Juda, den König mit dem Befehlsgeber zwischen den Füßen, war dieser Verheißungsname ganz neu, – für die ganze Versammlung war er eine Überraschung, und erstaunt horchte sie auf. Nur eine von allen war's, die ihn kannte und begierig auf ihn gewartet hat. Unwillkürlich werfen wir einen Blick hinaus auf ihren Schattenriß – hoch aufgerichtet stand sie, in dunklem Stolz, wie Jaakob den Samen des Weibes verkündigte. Von Juda sollte nicht die

Gnade weichen, er sollte nicht sterben, sein Auge nicht auslaufen, ehe denn seine Größe übergroß würde, dadurch, daß er aus ihm käme, dem alle Völker anhangen würden, der Friedebringer, der Mann des Sternes“ [527f]. Hier kommen die Fäden zusammen, die im Fünften Hauptstück geknüpft worden sind. Da Juda vor Jaakob, seinen Vater, der Fünfundsiebzigjährige vor den Uralten tritt, um den Segen zu empfangen, geht nochmals der Blick zurück. „Ja, er war's, der Geplagte, der seinem Gefühl nach gänzlich Unwürdige, der Knecht der Herrin, der keine Lust zur Lust hatte, aber sie zu ihm [vgl. 301], der Sünder und der Gewissenhafte. Man denkt wohl: mit fünfundsiebzig kann's so schlimm nicht mehr sein mit der Hörigkeit und knechtischen Lust, aber da irrt man sich. Das hält aus bis zum letzten Seufzer. Ein wenig stumpf mag ja der Speer geworden sein, aber daß je die Herrin den Knecht entließe, das gibt es gar nicht. Tief beschämt beugte Juda sich über zum Segen“ [526f][198]. Und doch hätte Juda es wissen müssen, daß er es war, „der Erwählte unter den Brüdern, von dem es kommen sollte“ [274]. In der Tat! „Er konnte es sich an den Fingern abzählen, und das tat er buchstäblich öfters, aber nie ohne vor einer Erberwählung zu erschrekken und schmerzlich zu zweifeln, ob er ihrer würdig sei, ja zu befürchten, sie möchte in ihm verderben“ [274f]. Ganz anders dagegen Thamar! Bei Thamar, dem „Weib, das allein gewürdigt war, es zu hören“ [286], zeigen Jaakobs Gedanken, die er in langen Lehrstunden vor ihr ausbreitet, Wirkung. Läßt Jaakob sie so auch an seinen Gedanken teilhaben, macht er sie auf gewisse Weise auch zu seinem Geschöpf wie zum Instrument seiner Vorstellungen, auch wenn die Entschlossenheit und Energie, mit der Thamar zu Werke geht und das ihr Kundgewordene in die Wirklichkeit umzusetzen sucht, selbst Jaakob erschaudern lassen („... war ihm leise grausig zumute bei dieser ganzen Geschichte“ [292]).

4. In der biblischen Vorlage tritt die Gestalt Thamars – wie schon gesehen – fast ganz hinter der ihr zugemessenen

---

[198] Von einem „hübschen autobiographischen Scherz“ spricht *F.W. Golka*, Joseph, 192 (vgl. auch *J. Ebach*, Genesis 37–50, 637) mit Verweis auf *H. Kurzke*, Mann, 425.

Aufgabe zurück. Wenn sie auch mit durchaus beeindruckender Konsequenz vorgeht, bleiben die Motive ihres Handelns doch weitgehend verborgen, lassen sich allenfalls aufgrund der angespielten literarischen Zusammenhänge indirekt erschließen. Von anderer Struktur ist Thomas Manns Thamar. Wenn sie zu Beginn des Fünften Hauptstücks in die Erzählung eintritt, erscheint sie sogleich als Schülerin Jaakobs. „Thamar, das Landeskind, [...] war tief beeindruckt von Jaakobs Großartigkeit, sobald sie in seinen Kreis trat, was nicht erst durch Juda, Lea's Vierten und durch seine Söhne geschah, von denen zweie sie nacheinander heirateten. Dies ist bekannt nebst seinen unheimlichen und halb rätselhaften Begleitumständen, dem Verderben der beiden Judasöhne. Aber nicht bekannt, da die Chronik es übergeht, ist das Verhältnis Thamars zu Jaakob, obgleich es doch die unentbehrliche Voraussetzung zu der Episode und merkwürdigen Randhandlung unserer Geschichte ist, die wir hier einschalten, – nicht ohne uns dabei an die Tatsache gemahnt zu fühlen, daß diese Geschichte, die man wohl verführerisch nennen kann, da sie uns zu so genauer Ausführlichkeit verführt, die Geschichte Josephs und seiner Brüder, selbst nur eine anmutige Einschaltung ist in ein Epos ungleich gewaltigerer Maße“ [267f]. Das, was nicht bekannt ist, das Verhältnis Thamars zu Jaakob, dem Schwiegervater, wird in der Version der Thamargeschichte bei Thomas Mann zum bestimmenden Erzählelement, möglicherweise auch hierin einen Anstoß von Benno Jacob aufnehmend, wonach „Juda, als er Thamar seinem ältesten Sohn zur Frau gab, sie über seine Familie, ihren Beruf und die göttlichen Verheißungen unterrichtete“[199]. In der Unterweisung, die Thamar bei Jaakob erfährt und die die ganze erste Hälfte der Thamarerzählung bestimmt, reift sie zu einer Frau, die um ihre innere Bestimmung weiß. Bis in ihr Aussehen hinein trägt sie alle Züge einer entschlossenen, die Durchsetzung ihres Zieles selbst in die Hand nehmenden Frau, die um ihre Rolle in der Geschichte weiß und dieses Wissen auch energisch in die Tat umzusetzen versteht. Daß es gerade ein „kanaanitisches Weib, ein Landeskind vorerst und nichts

---

[199] *B. Jacob*, Genesis, 722.

weiter“ [266] ist, das alles daran setzt, zur Mutter des Shiloh, des künftigen Heilsbringers, zu werden, macht den vornehmlichen Reiz der Thamarfigur aus und schärft in besonderer Weise ihr Profil. Angesichts dieses für sie unabänderlich feststehenden Willens hat sie für Schuas Tochter und Judas Frau nichts anderes als „zornig neidvolle Geringschätzung“ übrig. Eine „Trulle“, eine „der Geschichtlichkeit gewürdigte Null“ ist sie für Thamar, die ihre Bestimmung für keinen Augenblick vergißt, ihren Platz nämlich einzunehmen „an der Seite des Erben. Als solchen liebte sie Juda und begehrte sein – es war die Liebe des Ehrgeizes. Nie hat wohl – oder hatte bis dahin – ein Weib einen Mann so gar nicht um seiner selbst willen, vielmehr so ganz um einer Idee willen geliebt und begehrt, wie Thamar den Juda. Es war eine neue Liebesgründung; zum ersten Mal gab es das: die Liebe, die nicht aus dem Fleische kommt, sondern aus dem Gedanken, so daß man sie wohl dämonisch nennen mochte, so gut wie die Unruhe, die Thamar selbst der Mannheit erweckte ohne Fleischesform“ [288]. Um ihres Zieles willen, das ihr keinen Augenblick aus dem Auge schwindet, „steckte sie sich hinter Jaakob, das Sippenhaupt, ihren Lehrer, und seine ihr selbstverständlich wohlbekannte würdevolle Schwäche für sie, der sie mehr schmeichelte, als daß sie sie verletzt hätte, indem sie sich um Aufnahme in die Familie bewarb und den Enkel von ihm zum Mann begehrte. Am selben Platz tat sie es, im Zelt, wo Joseph den Alten einst ums bunte Kleid beschwatzt, und hatte leichteres Spiel als jener mit ihrem Anliegen“ [290]. Nachdem alles auf sorgfältigste disponiert ist, nimmt Thamar als getreue Schülerin Jaakobs, ihres Lehrers, das Wort, das erste im Rahmen der von ihr erzählten Geschichte, liefert damit den Beweis dafür ab, wie gut sie ihre Lehrstunden bei Jaakob zu nutzen verstanden hat und wie tief sie in das Geheimnis ihrer Sendung eingedrungen ist. Es ist eine höchst subtile und komplex aufgebaute Rede, nicht allein was die Handhabung der rhetorischen Mittel angeht, sondern auch in der Art, wie sie ihre Schriftkenntnis in Szene zu setzen versteht. Thamars Rede beginnt in gehobenem Ton, geradezu feierlich, mit einer an Jaakob gerichteten Bitte, die gefolgt ist von einer Jaakob einnehmenden Feststellung, in der sie sich als eine ihrem Lehrmeister würdige Schülerin präsentiert. „Meister und Herr [...], Väterchen, lieb und groß, nun höre doch deine Magd und neige dich, bitte, ihrer Bitte und ihrem ernstlichst sehnsuchtsvollen Verlangen! Siehe, du hast mich erlesen und groß gemacht vor den Töchtern des Landes, du hast mich unterwiesen in der Welt und in Gott, dem einzig Höchsten, hast mir die Augen aufgetan, die blind waren, und mich gebildet, daß ich dein Gebilde bin“ [290]. Den Beweis dafür, eine welch gelehrige Schülerin sie gewesen, bringt die beziehungsreich angelegte weitere Darlegung, die sich näherhin als eine geschickt arrangierte Montage von „Schriftzitaten“ zu erkennen gibt[200]:

„Meister und Herr“, so sprach sie, Väterchen […] Wie ist doch dies mir zuteil geworden,	Sie [Rut] sprach:
DASS ICH GNADE FAND VOR DEINEN AUGEN	LASS MICH GNADE VOR DEINEN AUGEN FINDEN, mein Herr;
UND HAST MICH GETRÖSTET	DENN DU HAST MICH GETRÖSTET
UND DEINE MAGD FREUNDLICH ANGESPROCHEN,	UND DEINE MAGD FREUNDLICH ANGESPROCHEN. [Rut 2,13]
DAS VERGELTE DIR DER HERR,	[Boas:] DER HERR VERGELTE DIR DEINE TAT,
UND MÖGE DEIN LOHN VOLLKOMMEN SEIN BEI DEM GOTTE ISRAELS,	UND MÜSSE DEIN LOHN VOLLKOMMEN SEIN BEI DEM HERRN, DEM GOTT ISRAELS,
ZU WELCHEM ICH GEKOMMEN BIN an deiner Hand,	ZU WELCHEM DU GEKOMMEN BIST,
DASS ICH UNTER SEINEN FLÜGELN ZUVERSICHT HABE!	DASS DU UNTER SEINEN FLÜGELN ZUVERSICHT HÄTTEST. [Rut 2,12]
Denn ich hüte mich	*Hüte dich nur,*
Und bewahre meine Seele wohl,	*und bewahre deine Seele wohl,*
daß ich nicht die Geschichten vergesse,	*daß du nicht vergessest der Geschichten,*
die du mich hast sehen lassen,	*die deine Augen gesehen haben,*
und daß sie nicht aus meinem Herzen kommen	*und daß sie nicht aus deinem Herzen kommen*
all mein Leben lang.	*all dein Leben lang.*
Meinen Kindern und Kindeskindern, wenn mir Gott solche gibt, *will ich sie kundtun,*	*Und sollst deinen Kindern und Kindskindern kund tun* [Dtn 4,9]

200 *H.N. Carlebach*, Thamar, 240ff.

daß sie sich nicht verderben und sich nicht irgendein Bild machen	*Auf daß ihr euch nicht verderbet und machet euch irgend ein Bild,*
gleich einem Mann oder Weib	*das gleich sei einem Mann oder Weib,* [Dtn 4,16]
oder Vieh auf Erden oder Vogel unter dem Himmel,	*Oder Vieh auf Erden oder Vogel unter dem Himmel,* [Dtn 4,17]
oder Gewürm,	*Oder Gewürme auf dem Lande,*
oder Fisch;	*oder Fisch im Wasser unter der Erde.* [Dtn 4,18]
noch daß sie ihre Augen aufheben	*Daß du auch nicht deine Augen aufhebest gen Himmel,*
und sehen die Sonne, den Mond und die Sterne, das ganze Heer,	*und sehest die Sonne und den Mond und die Sterne, das ganze Heer des Himmels*
und fallen ab, ihnen zu dienen.	*und fallest ab und betest sie an und dienest ihnen.* [Dtn 4,19]
DEIN VOLK IST MEIN VOLK, UND DEIN GOTT IST MEIN GOTT.	DEIN VOLK IST MEIN VOLK, UND DEIN GOTT IST MEIN GOTT [Rut 1,16]
Darum, wenn Er mir Kinder gibt, so sollen sie mir nicht kommen von einem Mann aus fremdem Gottesvolk, nie und nimmer. [290]	

Es handelt sich hierbei um eine höchst raffinierte Textmontage im Munde Thamars, als deren Strukturgerüst Zitate aus der Ruthgeschichte dienen, in die eine Zitatfolge aus der Erstgebotspredigt von Dtn 4 eingeblendet sind. Insofern die eingespielten Schriftzitate weitgehend wörtlich, mit nur geringfügigen Abweichungen, in der Rede Thamars adaptiert sind, sind sie unmittelbar als solche erkennbar, lassen damit Thamar als „Schriftkundige“ erscheinen, die es versteht, die Schrift zu handhaben und mit ihr umzugehen. Dies wird gerade anhand der geschickten Aufnahme von Rut 2,12–13 erkennbar. Dort in umgekehrter Reihenfolge begegnend und auf zwei verschiedene Sprecher (Rut und Boas) verteilt, sind sie in Thomas Manns Erzählung beide im Munde Thamars zusammengeführt und in die Gesprächssituation mit Jaakob übertragen, womit eine entscheidende Veränderung gegenüber der biblischen Vorlage angezeigt wird. Die demütige Bitte Ruts an Boas (Rut 2,13) wandelt sich bei Thamar zu einem Ruf des

Erstaunens Jaakob gegenüber. Der Wunsch des Boas (Rut 2,12), der erst Ruts Bitte (Rut 2,13) auslöst, wandelt sich im Munde Thamars zu einem entsprechenden Wunsch für Jaakob, gleichsam als Vergeltung dafür, daß Thamar vor ihm Gnade gefunden hat. Durch einen auf den ersten Blick leicht zu übersehenden Zusatz („an deiner Hand“) wird Jaakob in seinen Lehrstunden als Führer zum Gott Israels für Thamar deklariert. Von Jaakob einmal auf die Spur des Gottes Israels gebracht, kann Thamar sich selbst auch als entschiedene und getreue Jahweverehrerin präsentieren, was konkret in Anlehnung an die Erstgebotsparänese von Dtn 4,9 und 16–19 geschieht. Wenn auch Thamars Worte sich weitgehend wörtlich an ihre Vorlage anschließen, so sind dennoch wenige, wenn auch vom Gewicht her nicht unerhebliche Abänderungen festzuhalten, die unverkennbar mit dem von Thamar verfolgten Ziel zusammenhängen („... nicht die Geschichte*n* vergesse, die *du mich hast sehen lassen*“, „meinen Kindern und Kindeskindern, *wenn mir Gott solche gibt, will ich sie kundtun*, daß *sie sich* nicht verderben ...“). Den Gedankengang abschließend, bekennt Thamar sich mit den Worten Ruts (Rut 1,16) zu Jaakob und seinem Volk sowie zu dem durch Jaakob vermittelten Gott. Nachdem Thamar sich so angesichts ihrer Schriftkenntnis, die sie ihren Wünschen gemäß einzusetzen weiß, Jaakob gegenüber als dessen gelehrige Schülerin ausgewiesen hat, kommt sie in der zweiten Hälfte ihrer Rede auf die aus dem Gesagten sich nahelegende Schlußfolgerung zu sprechen, indem sie sich wie „neugeboren und dein Gebild“ [291] versteht, Jaakob auf seine Verantwortung hinweist, die er mit seinem Unterricht, durch den er sie gebildet, auf sich geladen hat. Was Thamar will, darüber besteht kein Zweifel. „Eine Vor-Mutter Shilohs wollte sie sein“ [288] – so läßt sich der Erzähler im Vorgriff vernehmen. Innerhalb der Rede Thamars verlautet darüber nichts, so daß selbst Jaakob nicht weiß, worauf sie hinauswill, und das, obschon durch Thamar allein schon dadurch, daß sie die Geschichte der Rut einspielt, unverkennbar Signale gesetzt sind, die anzeigen, worauf sie „hinauswill“ [291][201].

---

[201] Indem Thomas Mann Thamar und Rut zueinander in Beziehung setzt, nimmt er einen Gedanken auf, der innerhalb der beiden bibli-

Erst auf Jaakobs Nachfrage klärt ihn Thamar über ihre Absichten auf. „‚Deines Volkes', sagte sie, ‚bin ich im Geiste, deines Volkes allein kann ich im Fleische sein und mit meiner Weibheit. Du hast mir die Augen aufgetan – laß mich die deinen öffnen! Ein Reis wächst an eurem Stamm, 'Er, deines Vierten Erster, und ist wie ein Palmenbaum am Bach und wie ein schlank Rohr im Ried. So rede mit Juda, deinem Löwen, daß er mich ihm zum Weibe gebe!'" [291][202]. Jaakob willigt schließlich, wenn auch mit gewissem Widerstreben, in den Plan Thamars ein, obschon „ihm leise grausig zumute bei dieser ganzen Geschichte" ist [292]. Wie sehr sich dieses Grausen Jaakobs bewahrheiten soll, wird der Fortgang der Erzählung zeigen.

5. Thamars Bewußtsein ihrer Sendung in der Heilsgeschichte in Thomas Manns Deutung kommt unmißverständlich in der Botschaft zum Ausdruck, die Thamar Juda zusammen mit der Aufforderung, die Identität der übersandten Pfänder zu überprüfen, übermittelt. Als Thamars Schwangerschaft sich nicht länger verbergen läßt („Weißt du's, weißt du's? Thamar, deine Schnur, hat sich aufgeführt, daß sie's nicht länger verbergen kann. Schwanger ist sie von Hurerei!" [303]), da erbleicht Juda, als ihm diese Botschaft übermittelt wird, angesichts des Greuels, das in Israel geschehen, und zögert nicht, sie dem Tod durch Verbrennen zu überantworten. Als drei Männer Thamar

---

schen Erzählungen selbst schon angelegt ist (zum Phänomen vgl. aus der jüngeren Diskussion *E. van Wolde*, Texts). Allem Anschein nach sind die Berührungen zwischen Thamar- und Rutgeschichte das Ergebnis eines bedachten Redaktionsprozesses, wobei als Elemente einer näherhin als messianisch zu kennzeichnenden Redaktion nicht allein der Schluß der Rutgeschichte (4,17–22), sondern auch der explizite Verweis auf Thamar in Rut 4,11b–12 anzusehen sind (so etwa *E. Zenger*, Ruth, 10ff.93ff.98ff; anders jüngst *I. Fischer*, Rut, 66ff). Indem die Thamar Thomas Manns in ihrer Anrede an Jaakob zitierend auf die Rutgeschichte Bezug nimmt, macht sie zugleich unmißverständlich, ohne es explizit anzusprechen, deutlich, daß ihr Streben auf den messianischen Erben (Perez – David) hinzielt.

[202] Der hierbei hergestellte Vergleich „wie ein Palmbaum am Bach" läßt zum einen Hld 7,8 anklingen, ist aber zugleich auch als Wortspiel mit dem Namen Thamar zu verstehen (*B.-J. Fischer*, Handbuch, 743), scheint damit zugleich andeuten zu wollen, daß Er und Thamar auf untergründige Weise füreinander bestimmt sind.

aus dem Haus ihrer Eltern herausholen sollen, da ist ihre Lage anscheinend aussichtslos. Aber auch jetzt beherrscht sie die Situation, weiß in überlegener Manier zu inszenieren und zu dirigieren. „Im Hause drinnen hörte man Thamars Eltern seufzen und heulen, von ihr selbst aber hörte man nichts. Da wurden drei Männer verordnet, hineinzugehen und gestellig zu machen die Buhlerin. Mit verfestigten Schultern gingen sie, die Arme steif, das Kinn auf der Brust und die Fäuste bereit, daß sie Thamar hinausführten und diese erst Schande stehe und dann verbrannt würde. Über eine Weile aber kamen sie wieder heraus, ohne Thamar, mit Sachen in ihren Händen. Der eine trug einen Ring zwischen zwei Fingern, indem er die anderen spreizte. Der zweite hielt einen Stab, in der Mitte gefaßt, gerad vor sich hin. Der dritte ließ eine Purpurschnur baumeln von seiner Hand. Die Dinge brachten sie vor Jehuda, der vorne stand, und sprachen: ‚Das sollen wir dir sagen von Thamar, deiner Schnur: Von dem Manne, des diese Pfänder, trag' ich mein Pfand. Kennst du sie wohl? Denn siehe: ich bin die Frau nicht, die sich vertilgen läßt samt ihrem Sohn vom Erbe Gottes!‘“ [303f]. Thamar selbst tritt nicht einmal auf. Sie bedient sich der drei Männer, die sie zu verhaften gekommen sind, als Boten. Auch wenn nicht persönlich anwesend, so beherrscht sie dennoch die Szene. Indem Thamar die drei Gegenstände Juda vorweisen läßt, ob er sie wohl erkenne, greift sie auf ihre unmittelbar an Juda gerichtete Rede mit Nennung der Pfänder zurück, läßt damit deutlich werden, daß seitens Thamars schon im vorhinein alles auf diesen Punkt hin angelegt ist. Angesichts der bereitstehenden Menge, die Juda umsteht, kündet sie, unbeirrt gegenüber allen Fährnissen, ihre unbeirrbare Entschlossenheit. „Denn siehe, ich bin die Frau nicht, die sich vertilgen läßt samt ihrem Sohn vom Erbe Gottes!“ Ganz und gar schnörkellos ist Thamars letztes Wort, davon bestimmt, ihr Ziel, ohne sich aus der Bahn bringen zu lassen, zu erreichen, darin scheinbar zugleich einen Gegensatz bildend zu jenen einschmeichelnden Worten, mit denen sie Jaakob einzubinden gesucht hat, Worte, die aber nicht minder von Thamars Entschlossenheit bestimmt sind, sich in die Geschichte einzuschalten, wie das an Juda gerichtete Wort, damit letztlich nochmals jene Leitkategorie in Erinnerung rufend, die die ganze zweite Hälfte des Fünften Hauptstücks bestimmt. Nachdem sie von Jaakob unterm Unterweisungsbaum Belehrung erfahren hat, steht Thamar unverrückt als eine Entschlossene da, wovon die stehenden Furchen zwischen ihren Brauen zeugen. Nicht zufällig meldet sich hier mit einer eingeschalteten Bemerkung der Erzähler kommentierend zu Wort: „Hier sei es erhärtet: Thamar war fest entschlossen, sich, koste es was es wolle, mit Hilfe ihres Weibtums in die Geschichte der Welt einzuschalten. So ehrgeizig war sie. In diesen unerschütterlichen und – wie alle Unerschütterlichkeit etwas Finsteres hat – fast finsteren Entschluß war ihre geistliche Strebsamkeit eingemündet. Belehrung wird in gewissen Naturen sofort zum Wollen, ja, solche Naturen gehen wohl nur auf Belehrung aus, um ihr Wollen damit zu speisen und ihm ein Ziel zu geben. Thamar hatte über die Welt und ihre Zielstrebigkeit nur belehrt zu werden brauchen, um zu dem unbedingten Entschluß zu gelangen, ihr Weibtum mit dieser Zielstrebigkeit zu verbinden und weltgeschichtlich zu werden“ [287]. An entscheidenden Stellen, gerade da, wo Weichenstellungen anstehen, wird an Thamars Entschlossenheit erinnert, so als ihr erster Mann, Er, eines plötzlichen Todes starb und sie statt dessen Onan zum Mann verlangte. „Die Entschlossenheit dieser Frau hatte alle Zeit etwas Verblüffendes gehabt. Sie ging zu Jaakob hinauf und klagte ihm ihr Leid, klagte gewissermaßen Gott bei ihm an, so daß der Alte Jahs wegen in Verlegenheit geriet“ [293]. Und erneut wird auf Thamars Entschlossenheit verwiesen, als es darum geht, die hinausgezögerte Heirat mit Shelah einzufordern. „Die Geduld dieser Frau war ebenso ansehnlich wie ihre Entschlossenheit. Aber Entschlossenheit und Geduld, die beiden sind wohl ein und dasselbe“ [298]. Ein letztes Mal erinnert der Erzähler an Thamars Entschlossenheit im Schlußabschnitt der Erzählung, nachdem sie Zwillingsknaben geboren hatte, besonders den Perez, den Erstgekommenen, den Ahnherrn Davids.

So wird zum Abschluß des Fünften Hauptstückes nochmals die Geschichte der Rut aufgerufen, wie dies schon in Thamars erster Rede im vierten Kapitel „Die Entschlossene“ geschehen war. Die Zusammenhänge sind nicht zu übersehen:

Der Erstgeborene, Perez, zumal war ein überaus weidlicher Mann und zeugte in Welt und Geschichte hinaus, daß es eine Art hatte. Denn noch im siebten Gliede zeugte er einen, der die Weidlichkeit selber war, Boas genannt, der Mann einer Lieblichen.

[…] und hießen ihn Obed. Der ist der Vater Isais, welcher ist Davids Vater. Dies ist das Geschlecht des Perez: Perez zeugte Hezron; Hezron zeugte Ram; Ram zeugte Amminadab; Amminadab zeugte Nahesson.; Nahesson zeugte Salma; Salma zeugte Boas; Boas zeugte Obed; Obed zeugte Isai; Isai zeugte David. [Rut 4,17–22]

Die wuchsen sehr in Ephrata und wurden gepriesen in Bethlehem,

Und alles Volk, das im Tor war, samt den Ältesten sprachen: [...] und wachse sehr in Ephratha und werde gepriesen zu Bethlehem. Und dein Haus werde wie das Haus des Perez, den Thamar dem Juda gebar, von dem Samen, den dir der Herr geben wird von dieser Dirne [Rut 4,11–12]

denn ihr Enkel war Isai, der Bethlehemiter, ein Vater von sieben Söhnen und einem klein-sten, der die Schafe hütete, bräunlich, mit schönen Augen. Er konnte es wohl auf das Saitenspiel und mit der Schleuder und brachte den Riesen zu Fall – da war er schon in der Stille zum König gesalbt. [304f]

Da ließ Isai seine sieben Söhne für Samuel vorüber gehen [...] Er aber sprach: Es ist noch übrig der kleinste, und siehe er hütet der Schafe [...] Und er war bräunlich mit schönen Augen und guter Gestalt. [...] Da nahm Samuel sein Ölhorn und salbte ihn mitten unter seinen Brüdern. [...] Da antwortete der Knaben einer und sprach: Siehe, ich habe gesehen einen Sohn Isais, des Bethlehemiten, der kann's wohl auf Saitenspiel; ein rüstiger Mann und streitbar und verständig in Sachen und schön und der Herr ist mit ihm. [1 Sam 16,10–18*] Da trat hervor aus den Lagern der Philister ein Riese, mit Namen Goliath von Gath [...] Und David tat seine Hand in die Tasche und nahm einen Stein daraus und schleuderte und traf den Philister an seine Stirn, daß der Stein in seine Stirn fuhr, und er zur Erde fiel auf sein Angesicht. [1 Sam 17,4 und 49]

Damit kommt zugleich der Spannungsbogen an ein Ende, der mit der Thamarrede im vierten Kapitel eröffnet worden ist. Thamar und Ruth, Perez und Boas treten dabei zueinander in Beziehung. Die davidisch-messianische Perspektive findet eine weitergehende Bekräftigung.

Doch „[d]as alles liegt weit dahinten in offener Zukunft und gehört der großen Geschichte an, von der die Geschichte Josephs nur eine Einschaltung ist. Aber in diese ist und bleibt die Geschichte des Weibes eingeschaltet, das sich um keinen Preis ausschalten ließ, sondern sich auf die Bahn brachte mit verblüffender Entschlossenheit" [305]. Wie unbeirrt und zielbestimmt Thamar dabei verfährt und wie sehr sie es versteht, ihre Sendung in der Geschichte zu inszenieren, kommt nirgends deutlicher zum Ausdruck als nach dem Tode Ers, des Enkels Jaakobs und ältesten Judasohnes, den dieser ihr, wenn auch widerwillig, auf Drängen Jaakobs zum Manne gegeben hat. Kaum daß Er tot ist, verlangt Thamar Onan, Judas Zweiten, zum Mann. Erneut wendet sie sich nicht an Juda, sondern an dessen Vater Jaakob. Ganz im Gegensatz zu ihrer schnörkellosen Art, mit der Thamar ihr Ziel nicht aus dem Auge verliert, sondern mit Konsequenz weiterverfolgt, tritt sie vor Jaakob, ihren Lehrer, und beklagt ihr Schicksal, da Gott sie ausgeschaltet hat aus der Verheißungslinie. „Mein Mann ist mir gestorben [...] 'Er, dein Enkel, jählings und im Nu! Ist das zu verstehen? Wie kann Gott das tun?" [293]. Jaakob verweist ihr das schroff. „Er kann alles [...] Demütige dich! Er tut, wenn sich's trifft, das Ungeheuerlichste, denn alles zu können, ist, wenn man's recht bedenkt, eine große Versuchung. Es sind Wüstenreste, such es dir so zu erklären! Er stößt zuweilen auf einen Mann und tötet ihn mir nichts, dir nichts, ohne Erläuterung. Man muß es hinnehmen" [294][203].

[203] *F.W. Golka*, Joseph, 76 spricht in diesem Zusammenhang von der Theodizeefrage, die Thamar stellt. Jaakobs Antwort verweist hinsichtlich der Charakterisierung des überraschend-überfallartigen Handelns Gottes nicht allein auf den Überfall auf Mose (bei der Rückkehr vom Gottesberg nach Ägypten), sondern auch auf jene Episode aus dem eigenen Leben, den nächtlichen Kampf auf Leben und Tod mit der Gottheit beim Übergang über den Jabbok (Gen 32,23–33).

Dieser Verweis durch Jaakob löst bei Thamar eine Reaktion aus, die auf den ersten Blick zustimmendes Eingehen anzuzeigen scheint, dieses aber im gleichen Atemzug wieder in Frage stellt („Ich nehme es hin [...] von wegen Gottes, aber nicht für mein Teil“ [294]). Sie meldet Widerspruch an, bezeichnenderweise nicht wegen des unzeitigen und plötzlichen Todes, sondern wegen ihrer Witwenschaft („denn meine Witwenschaft erkenn’ ich nicht an, ich kann’s und darf’s nicht“ [294]). Was folgt, ist ein Plan Thamars, ganz offensichtlich nicht erst in diesem Augenblick entwickelt, sondern schon lange bedacht, und jetzt, da der Augenblick gekommen ist, vor Jaakob entfaltet[204]:

Thamarerzählung	*Dtn 25,5–10*
[THAMAR:] Ist einer ausgefallen, so muß unmittelbar der Nächste eintreten für ihn, daß nicht mein Funke auslösche, der noch übrig ist, und meinem Mann kein Name und nichts Übriges bleibe auf Erden. Ich spreche nicht für mich allein und für den Getöteten, ich spreche allgemein und für ewig. Du musst, Vater-Herr, dein Wort geltend machen in Israel und es zur Satzung erheben, daß,	
wo da Brüder sind	(5) Wenn Brüder bei einander wohnen
und einer stirbt ohne Kinder, so soll sein Weib nicht einen fremden Mann draußen nehmen, sondern ihr Schwager soll einspringen	und einer stirbt ohne Kinder, so soll des Verstorbenen Weib nicht einen fremden Mann draußen nehmen, sondern ihr Schwager soll sie beschlafen und sie zum Weibe nehmen
und sie ehelichen.	und sie ehelichen.
Den ersten Sohn aber, den sie gebiert,	(6) Und den ersten Sohn, den sie gebiert,
soll er bestätigen nach dem Namen seines verstorbenen Bruders,	soll er bestätigen nach dem Namen seines verstorbenen Bruders,
daß dessen Name nicht vertilgt werde aus Israel!	daß sein Name nicht vertilget

[204] Vgl. auch *H.N. Carlebach*, Thamar, 243f.

[JAAKOB:] Wenn’s aber dem
Manne nicht gefällt […],
daß er seine Schwägerin nehme?
[THAMAR:] In diesem Fall soll
sie hervortreten

und es allen ansagen:
Mein Schwager weigert sich,
seinem Bruder einen Namen zu
erwecken in Israel,
und will mich nicht ehelichen.
Dann soll man ihn fordern

und mit ihm reden.
Wenn er aber steht und spricht:
Es gefällt mir nicht, sie zu nehmen,
so soll sie zu ihm treten vor allem Volk
und ihm einen Schuh ausziehen
von seinen Füßen
und ihn anspeien
und soll antworten und sprechen:
Also soll man tun einem jeden
Mann,
der seines Bruders Haus nicht
erbauen will.
Und sein Name soll ‚Barfüßer‘
sein!
[JAAKOB:] Da wird er sich freilich bedenken […] Und du hast insofern recht, meine Tochter, als es mir leichter fallen wird, mein Wort geltend zu machen bei Juda, daß er dir den Onan zum Manne gebe, wenn ich’s allgemein mache und mich dabei auf die Satzung stützen kann, die ich veröffentlicht habe unter dem Unterweisungsbaum. [294f]

werde aus Israel.
(7) Gefällt aber dem Bruder
nicht,
daß er seine Schwägerin nehme,
so soll sie, seine Schwägerin,
hinauf gehen unter das Tor vor
die Ältesten
und sagen:
Mein Schwager weigert sich,
seinem Bruder einen Namen zu
erwecken in Israel
und will mich nicht ehelichen.
(8) So sollen ihn die Ältesten der
Stadt fordern
und mit ihm reden.
Wenn er dann stehet und spricht:
Es gefällt mir nicht, sie zu nehmen,
(9) so soll seine Schwägerin zu
ihm treten vor den Ältesten,
und ihm einen Schuh ausziehen
von seinen Füßen
und ihn anspeien
und soll antworten und sprechen:
Also soll man tun einem jeden
Mann,
der seines Bruders Haus nicht
erbauen will.
(10) Und sein Name soll in Israel heißen des Barfüßers Haus.

Der Plan, den Thamar hier im Gespräch mit Jaakob entwickelt, ist ein besonders eindrucksvolles Beispiel dafür, daß Thomas Manns Thamarerzählung als Kommentar der biblischen Thamargeschichte zu verstehen ist. Innerhalb der biblischen Vorlage fordert Juda seinen zweiten Sohn

Onan auf: „Geh ein zur Frau deines Bruders und vollziehe mit ihr die Schwagerpflicht [*jbm D*-Stamm] und richte Samen auf für deinen Bruder!" (Gen 38,8)[205]. Das durch die beiden rahmenden Aussagen hervorgehobene, genau im Zentrum stehende Verbum *jbm D*-Stamm verweist auf die Institution des Levirats, der Schwagerehe (Dtn 25,5 und 7). Durch die Wahl des Verbums, aber auch aus sachlichen Gründen wird damit ein Zusammenhang mit den Bestimmungen von Dtn 25,5–10 hergestellt, wobei angesichts der Tatsache, dass mittels des Verbums auf einen bestehenden Brauch hingewiesen wird, weitergehende rechtliche Bestimmungen jedoch nicht eingespielt werden, so daß es den Eindruck macht, als solle hier auf ein Gewohnheitsrecht angespielt werden[206]. Ganz andere Akzente setzt dagegen Thomas Mann in seiner Thamarerzählung, nicht allein daß die Leviratsbestimmungen aus Dtn 25,5–10 hier nahezu wörtlich zitiert werden, sondern auch die Institution der Schwagerehe gerade auf Thamar zurückgeführt wird. Daß die Schwagerehe durch niemand anderes als Thamar, nicht einmal durch Juda gestiftet worden ist[207], wird eigens noch durch eine Erzählereinmischung im Anschluß an das erzählte Geschehen zum Ausdruck gebracht. „Es war die Schwagerehe, die da auf Thamars Betreiben gegründet wurde, eine geschichtliche Sache. Dies Landmädchen hatte nun einmal einen Trieb zum Geschichtlichen" [295]. Daß ausgerechnet Thamar die Initiative ergreift, hängt zweifelsohne mit ihrem Drang zur Geschichte und ihrem Drang, sich, koste es was es wolle, einzuschalten, zusam-

---

[205] Bei der Basis *jbm* handelt es sich um einen terminus technicus (*Gesenius*, Wb[18], 433b), wobei die genauere Bestimmung des hiermit Gemeinten (Schwagerehe bzw. -pflicht) strittig ist (zur Diskussion etwa *Th. Krüger*, Genesis 38, 6ff und *H.J. Boecker*, Josefsgeschichte, 100 sowie zuletzt *J. Ebach*, Genesis 37–50, 126ff).

[206] So m.E. zu Recht *Th. Krüger*, Genesis 38, 6f. – Daß hierbei nicht explizit auf die näheren rechtlichen Regelungen, wie sie in Dtn 25,5–10 entfaltet sind, zurückgegriffen wird, kann durchaus als literarisches Mittel zu verstehen sein, um damit deutlich werden zu lassen, daß solche erst am Sinai gegeben worden sind. Eine derartige Annahme empfiehlt sich um so mehr, wenn Gen 38 als ein literargeschichtlich spätes Gebilde Dtn 25,5–10 schon voraussetzt.

[207] *B. Jacob*, Genesis, 713.

men, macht zugleich ihre Entschlossenheit und Unbeirrbarkeit faßbar, mit der sie mit allen Mitteln ihr Ziel, „eine Vor-Mutter Shilohs“ sein zu wollen [288], durchzusetzen versteht. Daß es sich hierbei um eine Bewohnerin des Landes handelt, die ihre Sache in weitgehend wörtlicher Anlehnung an Dtn 25,5–10 zur Geltung bringt, läßt die Sache nur um so herausfordernder werden. Ihren besondern Reiz bekommen die aus dem Zusammenhang des Deuteronomiumbuches zitierten Leviratsbestimmungen zum einen aufgrund des durch die Beanspruchung der Lutherübersetzung erzielten archaischen Charakters, zum andern durch die geschickte Verteilung auf zwei Sprecherrollen, Thamar und Jaakob, wobei Dtn 25,5–10 durch geringfügige Retuschen für den neuen Zusammenhang adaptiert worden ist (vor allem in bezug auf den Beginn der Textzitate im Munde Thamars [„Wenn Brüder bei einander wohnen“ || „,... es zur Satzung erheben, daß, wo da Brüder sind“ bzw. „,... so soll sie, seine Schwägerin, hinauf gehen unter das Tor vor die Ältesten“ || „in diesem Fall soll sie hervortreten“]). Die Rollenverteilung zwischen beiden Sprechern ist dabei so organisiert, daß die eigentlichen Bestimmungen bezüglich der Schwagerehe ganz auf das Konto Thamars gehen, während Jaakob der Part zufällt, einen Einwand zu formulieren, im Blick darauf, daß die ganze Sache dem Schwager nicht gefallen wird. Was hier geschieht, ist die durch Thamar in Gang gesetzte Inszenierung von Bestimmungen zur Schwagerehe, ersonnen von ihr um ihrer eigenen geschichtlichen Sendung willen, von Jaakob aber um der leichteren Durchsetzbarkeit des Anspruchs Thamars willen allgemein gemacht und zur Satzung erhoben unterm „Unterweisungsbaum“ [295]. Gerade erst begründet und zur Satzung gemacht, dient der Schluß der Bestimmungen zur Schwagerehe Jaakob Juda gegenüber sogleich dazu, den unwilligen Onan in die Pflicht zu nehmen. „,Aber sie wird ihm den Schuh ausziehen und dergleichen mehr, wenn er sich weigert, seines Bruders Haus zu erbauen, und er wird 'Barfüßer' heißen sein Leben lang‘. ‚Du tust, Israel‘, sagte Juda, ‚als sei das nun einmal so, da du es doch selbst eben erst eingeführt hast, und ich weiß auch, auf wessen Rat‘. ‚Aus der Magd spricht Gott‘, erwiderte Jaakob. ‚Er hat sie zu mir geführt, daß ich sie mit

ihm bekannt mache und er aus ihr reden könne!'" [295]. Diesem Argument gegenüber erlischt ein jeder Widerstand. Thamar schlüpft so in die Rolle einer Prophetin, aus deren Mund Gott selbst spricht.
Thomas Mann erzählt die Geschichte der biblischen Thamar neu, und zwar erzählt er sie neu aus dem Blickwinkel seiner Zeit. Um dies tun zu können, greift er in die überlieferte Geschichte ein, erweitert und ergänzt sie, trägt neue Züge ein, beseitigt bestehende Widersprüche, gibt ihr damit eine neue Perspektive, nicht zuletzt aus der Sicht eines Dabeigewesenen. Auf eine geradezu spielerische Weise setzt Thomas Mann sich mit dem überlieferten Text auseinander, stellt ihn in neue Zusammenhänge hinein und gibt ihm dadurch ein anderes Profil, wobei vom fiktiven Erzähler immer die Kenntnis der überlieferten Geschichte vorausgesetzt wird, und sei es auch nur zu dem Zweck, um auf deren Ungenügen aufmerksam zu machen. Als Kommentar zur Geschichte der biblischen Thamar beschränkt sich Thomas Manns Neuerzählung keineswegs – wie anhand der hier vorgestellten Beispiele deutlich geworden sein sollte – auf eher marginale Abänderungen und Neuakzentuierungen, um auf diese Weise bestehende Ungereimtheiten bzw. Unstimmigkeiten innerhalb der Thamargeschichte des Genesisbuches zu beheben. Vielmehr stellt Thomas Manns Neuerzählung einen grundlegenden Umgestaltungsprozeß dar, um die alte Geschichte als ganze in einem neuen Licht erscheinen zu lassen. Ansatzpunkt hierfür ist eine gänzlich andere Sichtweise der Titelfigur selbst, deren „Entschlossenheit [...] alle Zeit etwas Verblüffendes" [293] und zugleich Irritierendes hat. Damit rückt – ein letztes Mal – die Gestalt der Thamar ins Blickfeld des Interesses.

3. Die andere Thamar

„Ich hatte keine Frauengestalt in Vorrat, die der Rahel des ersten und zweiten Romans, der Mut-em-enet des dritten das Gleichgewicht gehalten hätte – und lange dauerte es, bis ich gewahr wurde, daß ich doch eine hatte. Es war Thamar, Juda's Schwiegertochter und Verführerin, die ich zu Jaakobs Schülerin machte, zu einer astartehaften, dabei mit Zügen aus dem ‚Buche Ruth‘ ausgestatteten Figur, und, im halb komischen Stil des Ganzen, zum Prototyp historischen Ehrgeizes entwickelte. Durch sie erst, die dann einem ganzen Hauptstück des Buches, einer Novelle für sich, den Namen gab, fand ich die Reize des noch zu Erzählenden zur letzten Ermutigung vervollständigt, und noch heute scheint es mir keine Übertreibung, wenn es im Texte heißt: ‚Nennt einer sie die verblüffendste Figur dieser ganzen Geschichte, so wagen wir nicht zu widersprechen‘“ – so weiß Thomas Mann im Rückblick auf die sechzehn Jahre der Arbeit an der Josephtetralogie zu berichten[208], und dies unter ausdrücklichem Verweis auf jene Erzählereinmischung im fünften Kapitel der Thamarerzählung, da Thamar unmittelbar nach Onans Tod, des Zweitgeborenen, Shelah, den jüngsten Sohn Judas, zum Mann verlangt [296]. Mit Blick auf ihre Zeichnung innerhalb der Thamarerzählung – ein Wesen „aus Strenge und geistlicher Strebsamkeit“ [267], mit „hohlem Rücken, gestreckten Halses, zwei Falten der Anstrengung zwischen ihren samtenen Brauen“ [279] – hat man Thamar bezeichnet als „ein Monument der Entschlossenheit. Gewillt, sich vom Schicksal zu ertrotzen, was sie als das ihre beansprucht: einen Teil vom Erbe Gottes“[209]. Damit ist nochmals die Frage nach dem erzählerischen Profil der Thamarfigur in Thomas Manns Erzählung berührt, wozu im folgenden zumindest einige Facetten beigetragen werden sollen:

1. Auf der Suche nach einer Frauengestalt für den letzten Band seines Joseph-Romans ergriff Thomas Mann hellsichtig, sowie er der aufgrund ihrer Eigenständigkeit herausgehobenen geschlossenen Geschichte von Thamar gewahr wurde, die reizvolle Möglichkeit, in die Geschichte von Joseph ein Charakterbild einer Frau einzuschalten, die „sich ein[zu]schalten [wußte] mit ihrem Schoß in die Geschlechterreihe, die in die Zeiten führte zum Heil“ [287f]. Während innerhalb des biblischen Erzählzusammenhangs die Figuren Thamar und Joseph allenfalls indirekt, wenn überhaupt, zueinander in Beziehung gesetzt erscheinen, lassen sich bei Thomas Mann beide Figuren nicht von ein-

---

[208] *Th. Mann*, Sechzehn Jahre, 126.

[209] *D. Runge*, Weib, 111.

ander trennen. Das wird schon anhand der Einführung der Thamar in die Erzählung erkennbar. „Oft saßen sie an diesem Platz, sei es im härenen Haus, nahe dem Eingang, ebendort, wo der Vater einst mit dem Liebling gesessen und dieser ihm das bunte Kleid abgeluchst hatte, sei es unter dem Unterweisungsbaum oder am Rand des benachbarten Brunnens, wo wir den schlauen Knaben zuerst unterm Monde trafen und den Vater am Stabe besorgt nach ihm spähen sahen“ [266]. Für diese Anbindung an die Figur des Joseph werden nicht allein erzähltechnische Gründe maßgebend sein, was schon dadurch kenntlich gemacht wird, daß gerade die Einschaltung der Geschichte Thamars in die Josephs parallel geschaltet wird zu seiner Einschaltung in die große Geschichte („ ... gehört der großen Geschichte an, von der die Gestalt Josephs nur eine Einschaltung ist. Aber in diese ist und bleibt die Geschichte des Weibes eingeschaltet, das sich um keinen Preis ausschalten ließ“ [305])[210]. Die über die Gemeinsamkeit der vorgestellten Situation hergestellte Verbindung zwischen Thamar und Joseph gleich zu Beginn der eingeschalteten Erzählung rückt sogleich unmißverständlich die Bevorzugung Thamars entsprechend derjenigen Josephs („mit dem Liebling“ [266]) durch Jaakob ins Zentrum der Aufmerksamkeit. Auf die an die Zuhörer gerichtete Frage: „Ihr wißt also wirklich nicht mehr, habt es eures Wissens niemals gewußt, wer Thamar war?“ gibt der Erzähler eine bezeichnende Antwort, die gerade das vielschichtige Verhältnis von Thamar zu Jaakob akzentuiert. „Ein kanaanitisch Weib, ein Landeskind vorerst und nichts weiter, dann aber Jaakobs Sohnes-Söhnin, Jehuda's, seines Vierten, Schwiegertochter, des Gesegneten Groß-Schnur, sozusagen; vor allem aber seine Verehrerin und seine Schülerin in der Welt- und Gotteskunde, die an seinen Lippen hing und in sein feierliches Antlitz hinaufblickte mit solcher Andacht,

[210] Die beiden hier angeführten Sätze, in denen jeweils ein Zusammenhang zwischen Thamar- und Josephgeschichte hergestellt ist, dienen als zweiter und vorletzter Satz der ganzen Thamarerzählung dazu, diese rahmend zu verklammern, aber auch deren Einschaltcharakter in den größeren Rahmen der Josephgeschichte nachvollziehbar werden zu lassen.

daß auch das Herz des verwaisten Greises sich ihr ganz erschloß und er sogar ein wenig verliebt in sie war“ [266f]. Dieses aus der Sicht der Thamarerzählung von Thomas Mann von der biblischen Vorlage „übergangene“ herausgehobene Verhältnis Thamars zu Jaakob [268], dessen Anfänge im Dunkeln liegen [268f], ist dem Erzähler nicht zuletzt deshalb so wichtig, weil sie dadurch in geradezu einzigartiger Weise erhöht wird und, indem sie teilhaben darf an Jaakobs kenntnisreichen Geschichten, sich als auserwählt erfährt. In dem Bewußtsein, sich erwählt zu fühlen, zu etwas Besonderem berufen zu sein, das sie, gerade sie, gegenüber den anderen Söhnen in besonderer Weise heraushebt, liegt der hauptsächliche Punkt einer Gemeinsamkeit, der Thamar mit Joseph verbindet, wobei ihr, was unverkennbar ist, eine Ersatzrolle zukommt, befördert gerade durch den Tod Josephs, des Lieblingssohnes[211]. Indem die Figur der Thamar so in die Nähe Josephs gerückt wird, um sie als einen Ersatz-Joseph erscheinen zu lassen, treten zugleich die Unterschiede hervor, die beide Figuren gegeneinander abheben, so daß Thamar – trotz der betonten Nähe zu Joseph – diesem gleichsam als Kontrastfigur entgegentritt. Greifbar wird dies schon bei der Beschreibung der äußeren Gestalt. Thamar wird als eine große, magere, sich aufrecht haltende, strenge und stolze Frau geschildert,

---

[211] Dem Verweis auf Josephs Tod kommt innerhalb der Thamarerzählung eine geradezu leitmotivische Funktion zu, gibt er doch den Zeitpunkt an, da mit Jaakob eine bedeutsame Veränderung vor sich gegangen ist („Jaakobs persönliche Majestät hatte sich seit dem Tode Josephs [...] nur noch erhöht“ [267]) und da, wenn man dies auch nicht genau weiß, „Thamar Eingang bei Jaakob, dem Gottesfreund, fand und zu ihm in andächtige Beziehung trat“ [268]. Schon damit ist angedeutet, daß die Begegnung von Jaakob und Thamar im Zeichen des Todes des Joseph geschieht. Und sein Tod hat im Verständnis Jaakobs eine geradezu mythische Qualität, handelt es sich hierbei doch nicht um einen natürlichen Tod, sondern wird in Verbindung gebracht mit Seth („seit der Schöne dem Zahn des Schweines verfallen“ [271]), aber auch mit Apophis („Es war der Verdacht, daß der Eber, der Joseph zerrissen, ein Tier mit zehn Köpfen gewesen sei“ [271]). In Aufrufung des Motivs vom Tod Josephs gerade im zweiten Kapitel („Astaroth“), der den Blick auf Juda fokussiert, verknüpfen sich auf sinnreiche Weise vorgreifend schon die Lebenslinien von Juda und Thamar.

schön zwar, aber von einer Schönheit, die etwas Dämonisches, ja Behexendes an sich hat, eine Gestalt jedenfalls, die allein schon aufgrund ihres Äußeren keine Nähe entstehen läßt, vielmehr auf Distanz hält und Respekt einfordert. Joseph ist demgegenüber ein ganz anderer Menschentyp, schön, von angenehmem Aussehen, wodurch er anziehend wirkt und Sympathie entstehen läßt. Während die Joseph-Figur mit einer großen Liebe zum erzählerischen Detail dem Leser vor Augen geführt und malerisch lebendig gestaltet ist, beschränkt der Erzähler sich bei Thamar, gleich einer Graphik, auf wenige Striche, hart, gebrochen, umrißhaft skizzierend.

Die unterschiedliche Beschreibungstechnik in der Figurencharakteristik von Thamar und Joseph läßt sich an einigen Details wie beispielsweise von Nase und Mundpartie, von Stirn und silbernen Ohrringen bei beiden Protagonisten deutlich machen:

Thamar	*Joseph*
Sie hatte bewundernswert schöne und eindringlich sprechende braune Augen, fast kreisrunde Nasenlöcher und einen stolzen Mund [279]	Es waren zum Beispiel die Nüstern seiner ziemlich kurzen und sehr geraden Nase zu dick, aber da hierdurch die Flügel gebläht schienen, trat etwas von Lebhaftigkeit, Affekt und fliegendem Stolz in die Physiognomie, was sich mit der Freundlichkeit der Augen gut zusammenfügte. Den Ausdruck hochmütiger Sinnlichkeit, den aufgeworfene Lippen hervorrufen, wollen wir nicht rügen. [...] Dagegen würden wir uns für berechtigt halten, die Gegend zwischen Mund und Nase zu gewölbt zu finden – wenn nicht ebendamit eine besonders ansprechende Gestaltung der Mundwinkel zusammengehangen hätte, in denen nur durch das Aufeinanderliegen der Lippen und ohne Muskelanziehung ein ruhiges Lächeln entstand.
Nie lehnte sie sich an, sie saß sehr aufrecht, [...] mit hohlem Rücken, gestreckte Haltung,	Die Stirne war glatt in ihrer unteren Hälfte, über den starken und schöngezeichneten Brauen, aber

zwei Falten der Anstrengung zwischen ihren samtenen Brauen [279]

[...] die dringlichen Augen groß zu ihm aufgeschlagen, von Aufmerksamkeit so gebannt und reglos, daß die silbernen Ohrringe zu Seiten ihrer vertieften Wangen herniederhingen, ohne zu schaukeln ... [280]

ausgebuchtet weiter oben unter dem dichten, schwarzen, von einem hellen Lederbande umfaßten und außerdem mit dem Myrtenkranz geschmückten Haar, das beutelartig in den Nacken fiel, aber die Ohren frei ließ, mit denen es gute Ordnung gehabt hätte, wenn nicht ihre Läppchen etwas fleischig ausgeartet und in die Länge gezogen gewesen wären, offenbar durch die unnötig großen Silberringe, die man schon in der Kindheit hindurchgezogen hatte [I, 63f]

Beide, Thamar wie Joseph, werden als schön beschrieben, wenn auch auf eine höchst unterschiedliche Art:

Thamar
Sie war schön auf ihre Art, nämlich nicht hübsch und schön, sondern schön auf eine strenge und verbietende Art, also, daß sie über ihre eigene Schönheit erzürnt zu sein schien, und das mit Recht, denn etwas Behexendes war daran, was den Mannsbildern nicht Ruhe ließ ... [279]

Joseph
Ein Jüngling von siebzehn ist nicht schön im Sinne vollkommener Männlichkeit. Er ist auch nicht schön im Sinne einer bloß unpraktischen Weiblichkeit – die wenigsten würde das anziehen. Aber soviel ist zuzugeben, daß Schönheit als Jugendanmut seelisch und ausdrucksweise immer ein wenig ins Weibliche spielt [...] Mit siebzehn, das ist wahr, kann einer schöner sein als Weib und Mann, schön wie Weib und Mann, schön von beiden Seiten her und auf alle Weise, hübsch und schön, daß es zum Gaffen und Sichvergaffen ist für Weib und Mann [II, 8f]

Die Unterschiedlichkeit ihrer Schönheit ist so unverkennbar Ausdruck des bei aller Verwandtschaft höchst gegensätzlich gezeichneten Charakterbildes von Thamar und Josef.

Das Menschliche, das dem Joseph eigen ist, fehlt Thamar, letztlich Ausdruck dessen, daß beide auf unterschiedliche

Art die Erwählung erwirken, gegenwartsbezogen bei Joseph, auf die Zukunft gerichtet bei Thamar[212]. Als Jaakob und Joseph sich wiederbegegnen, endlich im letzten Hauptstück des vierten Bandes, da spricht Jaakob, der dem Joseph einst das bunte Kleid als Zeichen der Erwählung gegeben hat, zu ihm: „Gott hat dich gegeben und genommen [...] und hat dich wieder gegeben, aber nicht ganz; Er hat dich auch wieder behalten. [...] Dich hat er erhöht und verworfen, beides in einem; ich sag dir's ins Ohr, geliebtes Kind, und du bist klug genug, es hören zu können. Er hat dich erhöht über deine Brüder, wie du dir's träumen ließest [...]. Aber erhöht hat Er dich über sie auf weltliche Weise, nicht im Sinne des Heils und der Segenserbschaft – das Heil trägst du nicht, das Erbe ist dir verwehrt“ [473f]. Anders dagegen Thamar! Sie ist wichtig als Mutter des Segensempfängers. Was an ihr bedeutsam ist, ist nicht ihre Person, sondern ihre Tat, mit der sie sich in die Geschichte einschaltet. Sie tritt dem Leser gegenüber, nicht als lebensvolle Person, sondern eher ein Schattenriß. Und so steht sie denn da am Schluß der Thamarerzählung, den Blick ganz in die Zukunft gerichtet. „Da steht sie, hoch und fast finster, am Hang ihres Heimathügels und blickt, eine Hand auf ihrem Leibe und mit der anderen die Augen beschattend, ins urbare Land hinaus, über dessen Fernen das Licht sich in türmenden Wolken zu breit hinflutender Strahlenglorie bricht“ [305][213].

---

[212] In diesem Sinne äußert sich auch *D. Mieth*, Epik, 144: „Wir sahen schon, daß in dieser aktiven Einschaltung eine Parallelität zwischen Thamar und Joseph liegt. Beide erwirken als Handlungsträger die Erwählung mit. Die Erwählung selbst ist verschieden: Erwartungslinien der Verheißung (Thamar), Erwirkungslinie der Verheißung (Joseph); auch die Weise der Einschaltung ist verschieden: Einschaltung der Erwirkungslinie in die Erwartungslinie (Joseph), Einschaltung der Erwartungslinie in die Erwirkungslinie (Thamar). Obwohl es sich dabei um zweierlei Erwählung handelt, ist es doch nur *eine* Verheißung, gesehen unter verschiedenen Perspektiven.“

[213] Vgl. ebenfalls *D. Mieth*, Epik, 144f: „Joseph schaltet damit selbst die unmittelbar messianischen Züge aus seiner Erwählung aus [...] Aber eben darin liegt der ernsthafte anthropologische und humane Modellcharakter seines Lebens: das Modell des Übergangs, der ‚Mittelschwebe‘, der Epochalität, des Weges usw. Gerade deshalb ist er menschlich, sympathisch, lebensnah; von Thamar, die den absoluten

2. Das von der biblischen Erzählung abweichende Profil der Gestalt der Thamar, das sich schon anhand ihrer Zuordnung zu Joseph zeigt, tritt erst recht hervor, wenn ihre Entwicklung innerhalb des Rahmens der Thamarerzählung selbst bedacht wird. Daß sich diese nicht unerheblich von der in Gen 38 unterscheidet, zeigt sich allein schon daran, daß die biblische Darstellung erst in der zweiten Hälfte von Thomas Manns eingeschalteter Erzählung Aufnahme findet. Damit eröffnet sich dem Erzähler die Möglichkeit, die Figur der Thamar auf eine neue, über die biblische Vorlage hinausführende Weise zu fundieren und deren Potential in neue Dimensionen hinein zu vertiefen. Der vielleicht auffälligste Charakterzug der Thamar, hellsichtig aus der biblischen Vorlage aufgenommen, ist ihre Durchsetzungsfähigkeit, mit der sie, das Ziel immer vor Augen, versteht, sich auf die rechte Bahn zu bringen, die Bahn der Verheißung[214]. Kenntnis hiervon hat sie erlangt in den Lehrstunden bei Jaakob, die gerade ihr in einzigartiger Weise zuteil geworden sind. „Ein Weib saß zu Jaakobs Füßen, des Geschichtenreichen“ [266] – so hebt die Thamarerzählung an, läßt damit in einem das besondere Verhältnis, in dem Thamar zu Jaakob steht, hervortreten. Was ihn auszeichnet, ist neben seinem Alter und seiner Würde insbesondere seine „Geschichtenschwere“ [267], die bei

---

Ernst der absoluten Zukunft zeichnet, ist nur ein strenger Schattenriß erkennbar. Sie verdient Respekt, nicht Sympathie.“

[214] Hierzu vgl. *D. Mieth*, Epik, 141ff: „... für Thamar gilt hingegen die Metapher der ‚Bahn‘, eine wie der Erzähler sagen würde, ‚gestirnhafte‘ Redeweise. [...] Offensichtlich fühlt sich Thamar als Repräsentantin der oberen Sphärenhälfte, in der die Sukzession der Zeit wegfällt, so daß ihr das freie Schalten in der Zeit ... konzediert ist. [...] Horizontal gewendet, ist sie Antizipatorin der absoluten Zukunft, in der das doppelte ‚Einst‘ vergangener und künftiger Fernen ... als ‚Kunde und Verkündigung‘ gebündelt ist [...]. Auf die ‚Bahn‘ dieser Verheißung der coincidentia oppositorum will sich Thamar bringen ... Offensichtlich evoziert diese Metapher eine gestirnhafte Umlaufbahn [...] im Zentrum der ‚rollenden Sphäre‘. [...] Die Sphäre scheint in der Projektion in den Zeitablauf eine lineare Bewegung zu sein. Doch ist dies bloßer Schein, weil die Enden der Linien, d.h. die beiden ‚Einst‘, sich im Unendlichen treffen. In dieser Unendlichkeitsperspektive verliert die Station an Wirklichkeit; sie ist nur die Einschaltstelle für den, der auf die Bahn will und die Chance dazu hat.“

Thamar vor allem den Eindruck von „Großartigkeit“ [267], zugleich aber auch von „Bewunderung“ [279] hervorruft. Die Beziehung zwischen Jaakob, dem würdevollen, wenn auch nicht ohne menschliche Schwächen gezeichneten Patriarchen[215], und Thamar, der jungen Frau zu seinen Füßen, ist angesichts der Gegensätzlichkeit ihrer Persönlichkeiten alles andere als konfliktfrei. Zu verschieden sind ihre wechselseitigen Interessen. Thamar, „aus Strenge und geistlicher Strebsamkeit [...] eigentümlich gemischt“ [267], eine Frau, auf der Suche nach ihrer Rolle in der Welt, findet in Jaakob den, der sie auf die Spur bringen kann, indem er, der „Geschichtenreiche“ [266], sie teilhaben läßt an seinen Gedanken und sie gerade damit zu dem macht, was sie selbst sucht. Mehr als vielschichtig ist die Eigenart der Beziehung zwischen Jaakob und Thamar. „Wann zuerst, durch welchen nüchternen Zufall nun immer, Thamar Eingang bei Jaakob, dem Gottesfreunde, fand und zu ihm in andächtige Beziehung trat, – niemand weiß das genau“ [268]. Für die Zeit, da beide zueinander finden, bleibt ihr wechselseitiges Verhältnis, vor allem, was das Wechselspiel zwischen Passivität und Aktivität betrifft, eigentümlich in der Schwebe, was sich erst ändert, als Thamar in Anbetracht der Lehre, die sie durch den „Geschichten-

---

[215] Um Jaakobs besonderer Stellung und Würde, die Bewunderung und Anerkennung herausfordert, Ausdruck zu geben, wird er als geschichtenreich und geschichtenschwer bezeichnet. So wird beispielshalber „Jaakobs persönliche Majestät“ [267] und seine „Großartigkeit“ [267] hervorgehoben. Dann wieder wird er „hoher Greis“ [270] genannt und auch mit seinem Würdenamen Israel tituliert. Zugleich wird Jaakob aber auch, gleichsam um zu verhindern, daß er als weltentrückter Alter erscheint, vorgestellt als jemand, der ausgestattet ist mit „einem weich und würdig auf sein Gefühl bedachten Gemüte“ [267], dessen „beraubtes Herz heimlich schon auf der Suche ... nach neuer Empfindung“ [269], der einen „träumerisch-assoziierenden Sinn“ [271] hat, „ein gefühlsliebender Greis, der nur darauf wartete, noch einmal fühlen zu können“ [279], nicht zuletzt ausgezeichnet durch „seine ihr selbstverständlich wohlbekannte würdevolle Schwäche“ für Thamar [290]. Gerade aufgrund der ihm gestatteten kleinen Schwächen, liebevoll und mit viel Feingefühl beschrieben, wird Jaakob zu einer Gestalt, die dem Leser im Unterschied zu Thamar nahe kommt und ihm „ein ehrerbietiges Lächeln“ [267] abringt.

schweren“ erfahren hat, diese weiterdenkt und sich dadurch ihrer Rolle in der Geschichte bewußt wird.

„‚Meister und Herr‘, so sprach sie, ‚Väterchen, lieb und groß, nun höre deine Magd und neige dich, bitte, ihrer Bitte und ihrem ernstlichst sehnsuchtsvollen Verlangen! Siehe, du hast mich erlesen und groß gemacht vor den Töchtern des Landes, hast mich unterwiesen in der Welt und in Gott, dem einzig Höchsten, hast mir die Augen aufgetan, die blind waren, und mich gebildet, daß ich dein Gebilde bin ...‘“ [290]. Mit diesen Worten, an Jaakob, den Lehrmeister, gerichtet, bereitet sich die entscheidende Wende der ganzen Geschichte vor. Das Wissen, das Thamar, Jaakob reglos zuhörend, in sich aufgenommen hat, weiß sie mit einem Mal mit einer Energie und Zielstrebigkeit ohnegleichen in die Tat umzusetzen. Und in dem Maße, wie Thamar einen aktiv gestalteten Part spielt, tritt Jaakob zurück, wird, wie Thamar zuvor, in die Rolle des Zuhörenden gedrängt[216]. Jaakob scheidet genau in dem Augenblick aus dem Raum der Erzählung aus, als seine Rolle, Thamar auf ihrem Weg, sich in die Geschichte einzuschalten, förderlich zu sein, an ein Ende gekommen ist, als er zur Erfüllung ihres Vorhabens nichts mehr beitragen kann und Thamar in das Haus ihres Vaters zurückschicken läßt („Und es geschah nach Jaakobs Weisung“ [298]). Die in der Unterweisung mit Jaakob zu einer gleichermaßen wissenden wie willensstarken Frau herangereifte Thamar löst diesen geradezu ab, indem sie, von Jaakob über den, der kommen wird, über den Shiloh, belehrt, alles daran setzt, „eine Vor-Mutter Shilohs ... sein“ zu wollen [288]. Was Jaakob sich in langen, Juda erst in feierlicher „Sterbever-

[216] Mit Beginn der zweiten Hälfte der Thamarerzählung im vierten Kapitel, das mit den Worten „Von nun an“ [287] eröffnet wird und worin sie als „Die Entschlossene“ präsentiert wird, übernimmt Thamar die Initiative, treibt dabei mit ihren Impulsen unerbittlich die Handlung voran, und zwar derart konsequent, daß Jaakob nur noch zu reagieren vermag, wie allein schon der signifikante Gebrauch der Verben („erwiderte“, „antwortete“, „versetzte“, „wandte ein“ usw.) erkennen läßt. Die Veränderung, die in der zweiten Hälfte der Erzählung gegenüber der ersten eingetreten ist, spiegelt sich nicht zuletzt auch in den Redeanteilen wider, insofern Thamar hierbei mit einem Male eindeutig dominiert.

sammlung“ kundgemachten Überlegungen ausgedacht hat, das sieht Thamar als ihre große Chance, sich auf „die Bahn der Verheißung“ [287] zu bringen. Es ist ihre geradezu „unmenschliche“ Entschlossenheit, die Thamar von ihrer biblischen Schwester unterscheidet und abhebt. Gegenüber der nachgerade beiläufigen Bemerkung innerhalb der biblischen Darstellung, wonach Juda für seinen Erstgeborenen Er Thamar zur Frau nahm (Gen 38,6), bedarf es in Thomas Manns Thamarerzählung einer regelrechten Inszenierung, deren treibende Kraft niemand anders als Thamar selbst ist, wohingegen Judas Rolle in diesem ganzen Spiel von großer Widerständigkeit und Passivität geprägt bleibt[217]. Um ihren im Aufnehmen der Worte Jaakobs gereiften Plan, sich in die Geschichte einzuschalten, durchzusetzen, bemüht sie die beiden ersten Male Jaakob selbst als Brautwerber, mit Erfolg, wobei Thamars Strategie nur insofern zum Erfolg führt, daß sie sich auf höchst geschickte Weise als „Schrifterklärerin“ betätigt[218].

Gerade in diesem Zusammenhang kommt es zu einer nicht zu verkennenden Umbiegung der biblischen Vorlage. Heißt es dort nur knapp und bündig „Und Juda nahm eine Frau für Er, seinen Erstgeborenen, und ihr Name war Thamar“ (Gen 38,6) bzw. „Da sprach Juda zu Onan: Geh ein zur Frau deines Bruders und erfülle an ihr die Schwagerpflicht...!“ (Gen 38,8), wird damit mit Nachdruck herausgestellt, daß Juda, wie es seine Rolle ist, aktiv handelnd in Erscheinung tritt, indem er für seinen Sohn Er Thamar als Frau bestimmt bzw. nach seinem Tod dafür Sorge trägt, daß sein nächstjüngerer Sohn Onan sie nimmt. Über Thamars Anteil an der Heirat mit den Juda-Söhnen verlautet dabei nichts, ebensowenig wie Jaakob an dem ganzen Geschehen Anteil hat. Ganz anders dagegen in der Thamarerzählung von Thomas Mann, wo geradezu in Umkehrung der biblischen Vorlage die entscheidende Initiative von Thamar ausgeht, die es ihrerseits versteht, Jaakob ihrem Plane dienstbar zu machen, zumal eine Schwäche Jaakobs für sie nicht zu bestreiten ist („Denn er liebte das Weib mit starken Resten und freute sich, sie mit einer Männlichkeit zu beschenken, die von ihm kam“ [292]). Und dennoch

---

[217] Vgl. *D. Mieth*, Epik, 143f: „So wird das Motiv der Juda-Erwählung umgebogen in ein Motiv der Thamarerwählung bzw. der Segnung ihres Schoßes. Juda ist Knecht der Erwählung [...], Thamar die Herrin. Juda trifft die Erwählung passiv, Thamar schaltet sich aktiv ein.“

[218] *H.N. Carlebach*, Thamar, 241.

sind Jaakobs Empfindungen in dieser Sache widerstrebend. „So versprach er ihr, sein Wort geltend zu machen bei Juda, dem Löwen, und war sein Herz von mancherlei widerstreitenden Empfindungen erfüllt. [...] Drittens aber, er wußte nicht, warum, war ihm leise grausig zumute bei dieser ganzen Geschichte“ [292]. Damit ist zugleich das Motto angegeben, das über der im folgenden Kapitel dargestellten Ehegeschichte steht. Diese selbst ist geradezu durch das Widerstreben Judas gegen das durch Jaakob übermittelte Begehren Thamars rhythmisiert, wie die unverkennbaren Entsprechungen zwischen den zueinander in Beziehung tretenden Aussagen zu erkennen geben:

[1] Juda hauste nicht mit seinen Brüdern im Haine Mamre beim Vater, sondern [...] weidete er weiter abwärts gegen die Ebene *auf den Triften Odollam*,	[1] Ohne Witwenschaft erhielt sie den Knaben Onan zum Manne,
[2] und dort führten auch ’Er, sein Ältester, und Thamar ihre Ehe,	[2] ob Juda auch wenig Lust zeigte zu der Schlichtung und Seitenheirat und der Betroffene noch weniger.
[3] gestiftet von Jaakob, da er den Vierten vor sich entboten hatte und sein Wort hatte er geltend gemacht vor ihm.	[3] Jehuda, vom Vater heraufgefordert *von der Trift Odollam,*
[4] Warum hätte Juda *löcken* sollen gegen das Wort?	[4] *löckte* längere Zeit gegen den Ratschlag und bestritt, daß es ratsam sei, mit dem Zweiten zu wiederholen, was mit dem Ersten so unselig ausgegangen. [...]
[5] Es waren etwas trübe Gebärden, mit denen er darein willigte, aber er willigte ohne Umstände darein, und so ward Thamar dem ’Er zum Weibe gegeben [292f]	[5] Da *löckte* Juda nicht mehr und verordnete die Heirat [295]

Daß diese Entsprechungen durchaus gezielt vorgenommen sind, wird nicht zuletzt daran erkennbar, daß jeweils im Anschluß an die durch Jaakob erzwungene, wenn auch nicht ohne Widerstreben gegebene Einwilligung in die Ehe mit Thamar jeweils ein thematisch verwandter Erzählerkommentar folgt:

[1] Es ziemt sich nicht, hinter den Vorhang dieser Ehe zu blicken;	[1] Den Alkovenspäher zu machen, ist unter der Würde dieses Erzählers.
[2] schon damals gleich hatte niemand Lust dazu, und immer	[2] *Barsch und bündig* denn:

hat die Menschheit sich *mit barscher Bündigkeit* über die Tatsachen geäußert [...]

[3] Die Elemente des Mißgeschicks waren auf der einen Seite *geschichtlicher Ehrgeiz*, verbunden mit *Eigenschaften astartischer Art*, und auf der anderen Seite jugendliche Entnervtheit, die keiner Lebensprobe gewachsen war.

[3] Juda's Zweiter, in seiner Art *hübsch und nett*, nämlich auf eine zweifelhafte Art, war, wiederum in seiner Art, ein Charakter [...] Nicht durch uns! Sagten sie einhellig und hatten in ihrer Art recht. Leben und Schälerei mochten ihrer Wege gehen; sie pfiffen darauf. Namentlich Onan tat das, und *seine Hübschheit und Nettheit* war nur die Äußerung der Eigenliebe dessen, über den es nicht weitergeht [...]

[4] Man tut am besten, dem Beispiel der Überlieferung zu folgen und *barsch und bündig* mitzuteilen, daß Juda's 'Er ganz kurze Zeit nach der Hochzeit starb, oder, wie jene es ausdrückt, daß der Herr ihn tötete, – nun ja, der Herr tut alles, und alles, was geschieht, kann man als seine Tat bezeichnen [IV, 293]

[4] Zur Ehe genötigt, beschloß er, den Schoß zum Narren zu halten. Doch hatte er die Rechnung ohne Thamars *astartisch gerüsteten Ehrgeiz* gemacht, der gegen seine Widersetzlichkeit wie eine Wetterwolke gegen die andere stand und mit ihr den ausgleichenden Blitzschlag des Todes zeugte. In ihren Armen starb er, von einem Nu zum anderen, an plötzlicher Lebenslähmung. Das Gehirn stand ihm still, und er war tot. [IV, 295f]

Der hohe Inszenierungsaufwand, der hier getrieben wird, unterstreicht nur noch einmal, daß sich das Erzählgeschehen, gerade auch in Abwandlung gegenüber der biblischen Vorlage, auf den entscheidenden Punkt hin zubewegt.

Im Gegensatz zu den ersten beiden Versuchen, da Jaakob bei Juda, obschon widerstrebend, Thamars Willen durchzusetzen versteht, dringt sie nach Onans plötzlichem Tod mit ihrem erneuten Heiratsbegehren, diesmal auf Shela, den Drittgeborenen, gerichtet, nicht mehr durch („Diesmal drang sie nicht durch“ [296]). Angesichts und „in Erwartung von Juda's emphatischem Einspruch“ [296] schwankt und zögert jetzt selbst Jaakob. Er rät, da er ihr Verlangen nicht rundum abschlagen will, zu einer hinhaltenden Antwort[219]. Diese bekommt insofern ein entsprechendes Ge-

---

[219] Angesichts der Gewichtsverlagerung von Juda auf Jaakob gegenüber der biblischen Vorlage kann es nicht eigentlich überraschen, daß er gerade auch, als Thamar nach Onans Tod Shelah, den Jüngsten Judas, zum Mann verlangt, eine bedeutsame Rolle spielt, obschon in diesem Zusammenhang selbst Juda deutlich an Statur gewinnt. Hatte er bei ’Er, mit trüben Gebärden zwar, sodann aber „ohne Umstände“ in die Heirat mit Thamar eingewilligt [293], und hatte er bei Onan, dem Zweiten, nur äußerst widerwillig eine Heirat mit Thamar verordnet, nicht ohne auf den Trick mit der Schwagerehe zu verweisen [295], so ist es bei Shelah gerade Juda, der eine Heirat Thamars mit ihm zu verhindern weiß („Nie und nimmer!“ [296]), indem er sich mit hohem Redeaufwand gegen eine solche stemmt, so daß Jaakob nicht anders kann, als dem Sträuben Judas nachzugeben. Doch ist er zugleich darauf bedacht, auf Zeit zu spielen, um Thamar „nicht hart vor die Stirne [zu] stoßen“ [298]. Und deshalb ersinnt Jaakob im Zusammenspiel mit Juda („wir“ [viermal]) einen Plan, den dieser Thamar übermitteln soll und der sich bei näherem Zusehen als Übertragung nicht allein der Worte Judas innerhalb der biblischen Vorlage darstellt:

Mein Sohn Shelah ist noch zu klein und sogar hinter seinen Jahren zurück.	
Bleibe eine Witwe in deines Vaters Haus,	Bleibe eine Witwe in deines Vaters Hause,
bis der Knabe groß wird,	bis mein Sohn Sela groß wird.
dann will ich ihn dir geben,	[Gen 38,11]
daß er seinem Bruder Samen erwecke [298]	..., daß du deinem Bruder Samen erweckest [Gen 38,8]

Jakobs Vorschlag, im Kern nahezu mit Judas Wort an Thamar in Gen 38,11a wörtlich übereinstimmend, zum Schluß eine Formulierung aufnehmend, die in Gen 38,8 durch Juda an Onan gerichtet ist, und damit den Gedanken der Schwagerehe ins Spiel bringend, stellt allein schon dadurch eine Neuinterpretation gegenüber der biblischen Vorlage dar, als Juda als ausführendes Organ Jaakobs erscheint. Zudem ist Judas Anrede an Thamar bei Thomas Mann eingebettet in entsprechende Überlegungen Jaakobs, die Juda das an ihn gerichtete Ansinnen Jaakobs verständlich zu machen suchen, worin durchaus weitere Elemente aus dem biblischen Erzählzusammenhang eingehen („und dabei die Magd, deine Schnur, nicht hart vor die Stirne stoßen“ [298] ‖ „Da sprach Juda zu seiner Schnur Thamar“ [Gen 38,10] bzw. „Bleibe eine Witwe in deines Vaters Haus“ [298] ‖ „und bleibe eine Witwe in deines Vaters Hause“ [Gen 38,11b]). Der damit einhergehenden Verlagerung des Gewichts von Juda auf Jaakob korrespon-

wicht, als es Jaakobs letztes Wort ist, bevor er aus der Erzählung ausscheidet. An die hier skizzierten Zusammenhänge erinnert der Eingangssatz des letzten Kapitels („Es geschah nach Jaakobs Weisung“ [298]), zugleich um deutlich werden zu lassen, daß er damit für den Fortgang der Erzählung überflüssig geworden ist. Thamar, die um ihre Rolle in der Geschichte weiß, weiß auch darum, daß sie ihr Geschick selbst in die Hand nehmen muß.

3. Wenn auch mit der Figur der biblischen Geschichte namensidentisch ist die Thamar in Thomas Manns Erzählung von gänzlich anderem Profil als in der biblischen Vorlage, allein schon daran erkennbar, daß Thamar aus der Rolle einer Nebenheldin neben Juda[220] zur zentralen Gestalt der Geschichte heranwächst, einer Gestalt von einer geradezu übermenschlichen Größe, die – und hierin liegt der entscheidende Unterschied zur biblischen Thamar – ihre eigene Geschichte zu inszenieren und, indem sie dies tut, auch durchzusetzen versteht. Dies macht den faszinierenden Reiz der Gestalt der Thamar in der Erzählung von Thomas

---

diert auf der anderen Seite die Einbeziehung Thamars und ihres Verlangens, worauf gerade die Rahmenteile der Jaakobrede Bezug nehmen. Darüber hinausgehend ist die ganze Dialogszene zwischen Jaakob und Juda innerhalb der Thamarerzählung vor dem Hintergrund von Gen 38,11 entwickelt, wie nicht zuletzt daran erkennbar wird, daß die dort mitgeteilte Erwägung Judas: „Vielleicht möchte er auch sterben wie seine Brüder“ bei Thomas Mann gerade am Anfang der Dialogszene plaziert ist, und zwar in Form der rhetorisch-herausfordernden Frage „Daß er mir auch verderbe, nicht wahr?“ [296]. Mittels dieser Umstellung gegenüber der biblischen Vorlage erscheint zugleich der Vorschlag Jaakobs als ein Einlenken gegenüber „Juda’s emphatischem Einspruch“ [296].

[220] Zum durchaus kontrovers diskutierten Problem der Benennung der in Gen 38 überlieferten Geschichte (Juda und Thamar bzw. Thamar und Juda) vgl. zuletzt die Anmerkungen von *J. Ebach*, Genesis 37–50, 120f. – Meist ist der Blick einseitig auf eine dieser beiden Figuren gerichtet, sei es auf Juda (so z.B. *H. Seebass*, Genesis III, 29ff), sei es auf Thamar (so z.B. *H.J. Boecker*, Josefsgeschichte, 95ff); zuweilen findet auch der spannungsvolle Zusammenhang der beiden Hauptfiguren insofern Beachtung, als – mit unterschiedlicher Akzentuierung im einzelnen – zum einen das Hauptaugenmerk auf Juda (so etwa *E. Salm*, Juda bzw. *E.M. Menn*, Judah), zum andern auf Thamar (so beispielsweise *U. Cassuto*, Tamar, 29–49) gerichtet erscheint.

Mann aus, zugleich liegt darin aber auch das begründet, was sie so distanziert, ferne, ja wenig menschlich erscheinen läßt. Ihre Geradlinigkeit und Unbeirrbarkeit nicht allein sind es, die sie so fremd und unnahbar machen, vor allem aber ist es die Strenge, mit der sie ihr Handeln und selbst ihre Liebe dem Ziel, Mutter des Segensempfängers sein zu wollen, unterordnet. „Als solchen liebte sie Juda und begehrte sein – es war die Liebe des Ehrgeizes. Nie hat wohl – oder hatte bis dahin – ein Weib einen Mann so gar nicht um seiner selbst willen, vielmehr so ganz um einer Idee willen geliebt und begehrt, wie Thamar den Juda. Es war eine neue Liebesgründung, zum ersten Mal gab es das: die Liebe, die nicht aus dem Fleische kommt, sondern aus dem Gedanken, so daß man sie wohl dämonisch nennen mochte, so gut wie die Unruhe, die Thamar selbst der Mannheit erweckte ohne Fleischesform“ [288]. Hiermit ist der Kern der Gestalt Thamars, wie sie der Erzähler vor den Augen des Lesers erstehen läßt, berührt. Sie liebt um einer Idee willen, die sie keinen Augenblick vergißt. Es ist eine „Ehrgeiz-Liebe“ [288]. Indem ihre Schönheit als gleichermaßen streng und behexend charakterisiert wird, erscheint Thamar als Personifikation des Willens, was sich nicht allein an der Unbeirrbarkeit ihres Wollens dokumentiert, das sie entschlossen ihr Ziel, sich auf die „Bahn der Verheißung“ [287] zu bringen, verfolgen läßt, sondern auch in der Unbeirrbarkeit, mit der sie bei Jaakob in die Lehre geht, um eine Idee ihrer Erwählung zu gewinnen[221]. Nachdem sie begierig die Lehren Jaakobs nicht nur vernommen, sondern geradezu in sich aufgenommen hat, setzt sie alles daran, sich an der Heilsidee zu beteiligen, und dieser Wille treibt sie unablässig, bis daß er realisiert ist.

Nachdem Thamar durch Jaakob Belehrung erfahren hat, ist sie ganz von diesem Willen durchdrungen, setzt alles in Gang, um diese Idee mit der ihr eigenen Entschlossenheit

---

[221] Als Personifikation des Willens unterscheidet sich die Gestalt der Thamar deutlich von der die Idee der Menschlichkeit verkörpernden Gestalt des Joseph. In der Stilisierung der Thamarfigur als Verkörperung des Willens begegnet ein von Artur Schopenhauer abgeleiteter Schlüsselbegriff des Weltverständnisses von Thomas Mann (dazu insgesamt näherhin *M. Dierks*, Studien).

auch zu realisieren. Gerade als Personifikation des Willens erscheint Thamar dem Leser irgendwie unnahbar, anziehend zwar, auf eine besondere Weise jedoch anziehend. Und so wird ihre Gestalt als astartenhaft beschrieben, was schon von der ersten Einführung der Figur der Thamar her geschieht. „Denn Thamars Wesen war, auf eine sie selbst beschwerende Weise, aus Strenge und geistlicher Strebsamkeit (der wir noch einen stärkeren Namen geben müssen) und dem seelisch-körperlichen Geheimnis astartischer Anziehungskraft eigentümlich gemischt“ [267]. Schon mit der Einführung der Thamar in den Kreis der Erzählung werden die Fäden geknüpft, die im abschließenden Kapitel erst zusammengewoben werden. „Hatte Thamar, das Landeskind, die Tochter schlichter Baals-Ackerbürger, die in der Episode einer Episode lebte, eine Vorstellung von dieser Tatsache? Wir antworten: Allerdings hatte sie eine solche. Ihr zugleich anstößiges und großartiges, von tiefem Ernst getragenes Gebaren liefert den Beweis dafür. Nicht umsonst trat uns wiederholt und mit einem gewissen Eigensinn das Wort ‚Einschaltung‘ auf die Lippen. Es ist die Losung der Stunde. Es war Thamars Wort und ihre Losung. [...] Denn durch Verführung schaltet Thamar sich ein in die große Geschichte, von der diese hier nur eine Einschaltung ist; die Bestrickende spielte sie und hurte am Wege, um nur nicht ausgeschaltet zu werden, und erniedrigt sich rücksichtslos, um sich zu erhöhen ... Wie geschah das?“ [268]. Damit verweist der Erzähler auf die nachfolgend erzählte Geschichte der Thamar, in deren Verlauf an für die Komposition bedeutsamen Stellen immer wieder an das Astartenhafte der Erscheinung dieser Frau erinnert wird[222]. Was im Eingangskapitel entworfen wird, das

[222] Um hier nur die wichtigeren Stationen innerhalb des kompositorischen Gefüges der Thamarerzählung zu nennen: Korrespondierend zum ersten Kapitel („Der Vierte“) wird – in analoger syntaktischer Konstruktion und allein schon dadurch Bezüge anzeigend – im dritten Kapitel („Thamar erlernt die Welt“) Thamar – unter deutlicher Anspielung auf theologische Begrifflichkeit – in der folgenden Weise charakterisiert: „Thamar aber war ein Weib, war das Weib, denn jedes Weib ist das Weib, Mittel des Falles und Schoß des Heils, Astarte und Mutter Gottes“ [286]. Spannt sich so mit Hilfe des Verweises auf die astartische Eigenart ein größerer Spannungsbogen, durch den

kommt im Schlußkapitel – damit eine literarische Klammer um die ganze Erzählung bildend – zu einem Abschluß.
Das zeigt sich noch auf andere Weise. Von Anfang an erscheinen Thamar und Juda füreinander bestimmt und sind entsprechend als komplementär angelegte Figuren vorgestellt. Das gilt auf verschiedenen, sich aber ergänzenden Ebenen. Der Aktivität Thamars, die in all ihrem Streben und Tun nicht einen Augenblick ihr Ziel aus dem Auge verliert und auch alles daran setzt, dieses Ziel auch zu er-

---

die erste Hälfte der Thamarerzählung rahmend zusammengehalten wird, so ändert sich das Vorkommen des Hinweises auf die astartische Erscheinung Thamars, in deren zweiter Hälfte insofern, als die Abfolge der drei Kapitel jeweils durch Verweis hierauf rhythmisiert wird, wobei ein Bezug zum verheißenen Erben hergestellt ist (288.293.296.301f). In der Konsequenz der Verwendung dieses Motivs wird der Leser Schritt für Schritt auf die unmittelbare Begegnung von Thamar und Juda an die Stätte Enajim als Höhepunkt im Abschlußkapitel hingeführt. Zugleich spannt sich aber auch hier ein umgreifender Spannungsbogen vom vierten Kapitel („Die Entschlossene“) zum sechsten Kapitel („Die Schafschur“) hin. Während in dem davon umschlossenen fünften Kapitel („Nicht durch uns!“) der Verweis auf Thamars astartische Eigenschaft („geschichtlicher Ehrgeiz, verbunden mit Eigenschaften astartischer Art“ [293] bzw. „ohne Thamars astartisch gerüsteten Ehrgeiz“ [296]) jeweils in Verbindung steht mit dem Tod der beiden älteren Juda-Söhne Er und Onan, zielt ein solcher Verweis in den beiden rahmenden Kapiteln auf Juda und auf den von ihm kommenden Sohn der Erbverheißung, dabei das angestrebte Ziel sowie sein Erreichen zueinander in Beziehung setzend. Während im vierten Kapitel nicht allein ihr Zu-Spät-Sein in der Zeit, sondern in Verbindung damit das Hinüberspielen der Gedanken Thamars zu Juda hervorgehoben ist („Sie hätte ihr astartisch Teil, dem sie sonst zürnte, wohl gern und willentlich spielen lassen zu Juda hinüber und kannte ihn viel zu gut als Knecht der Herrin, um nicht des Sieges gewiß zu sein. Aber es war zu spät, – was ja immer heißt: zu spät in der Zeit. Sie war zu spät daran, war fehl am Zeitort mit ihrer Ehrgeiz-Liebe“ [288]), erscheint sie im sechsten Kapitel als „Bestrickende“, die Juda zu sich hinüberziehen und sich dadurch in die Geschichte einschalten will („Am Tore kauerte eine Gestalt; als er näher kam, sah er, daß sie in ein Ketônet paspasim, das Schleiergewand der Bestrickenden, gehüllt war“ [301]). Jedenfalls läßt sich mit Hilfe des Motivs von der astartenhaften Erscheinungsweise Thamars das kompositorische Grundgerüst der Thamarerzählung und darin zugleich die für sie bestimmenden thematischen Leitlinien transparent machen.

reichen, tritt ein Juda gegenüber, der angesichts seiner Passivität, die erst da, wo Thamar Schela, den Drittgeborenen, zum Mann fordert, seinen aktiven Widerstand anstachelt[223], für Thamar von Anfang an berechenbar und dementsprechend für ihre eigenen Zwecke einsetzbar und benutzbar ist („... kannte ihn viel zu gut als Knecht der Herrin, um nicht des Sieges gewiß zu sein“ [288])[224]. Zwar weiß auch Juda um seine Erberwählung, wenn auch nicht ohne Zweifel [274f], was ihn nicht zuletzt daran hindert, sie in entsprechender Weise zu befördern. Der tiefere Grund für Judas Passivität liegt in seiner Lust zum weiblichen Geschlecht. Das ist es, was ihn plagt. „Die Plagen nun, die er ausstand, trugen alle das Zeichen der Astaroth [...]. Sie war seine Herrin, und er trug ihr Joch, das war die leidige – seinem Geiste und seiner Berufung leidige – Wirklichkeit, – und wie hätte er also nicht an sie glauben sollen? Er opferte ihr nicht – nicht im engeren Sinne des Wortes, das heißt: nicht Ochsen und Milchlämmlein verbrannte er ihr. Aber zu leidigeren, leidenschaftlicheren Opfern hielt ihr grausamer Speer ihn an, Opfern, die er nicht gerne, nicht heiteren Herzens, brachte, sondern nur unter Zwang der Herrin; denn sein Geist lag mit seiner Lust im Widerstreit, und er löste sich aus keiner Hierodule Armen, ohne sein Haupt in Scham zu bergen und aufs Schmerzlichste an sei-

---

223 Dies geschieht genau im Zentrum der zweiten Kompositionshälfte (fünftes Kapitel). Der Einspruch Judas ist ganz grundsätzlich und gibt keinen Raum für eine Kompromißmöglichkeit. „Nie und nimmer!“ [296] – so bescheidet Juda Jaakob. Am Ende seiner Rede nimmt Juda nochmals diesen abweisenden Bescheid auf, nicht ohne Thamar als eine Ischtar-Gestalt zu charakterisieren. „Ich aber zweifle nicht erst, sondern sage ‚Nein und Niemals‘ dazu, für dich und mich. Was denkt sich dies Weib, daß ich soll auch das Schäfchen geben und sie's vertilge? Das ist eine Ischtar, die ihre Liebsten tötet! Eine Jünglingsfresserin ist das, von unersättlicher Gier! Dazu ist dieser ein Kind, noch unter seinen Jahren, und taugt das Lämmlein nicht in den Pferch ihrer Arme“ [297]. Am Ende des Gesprächs mit Jaakob, dem Vater, fällt Juda wiederum in seine ihm eigene passive Rolle zurück, als Jaakob ihm einen Vorschlag zur Güte macht. „‚Sei es darum‘, sprach Juda. ‚Mir ist es ganz gleich, was wir sagen, wenn ich nur nicht den zarten Hochmut dem Moloch muß in die glühenden Arme legen‘“ [298].

224 Entsprechend auch *D. Mieth*, Epik, 143f.

ner Tauglichkeit zur Erberwählung zu zweifeln“ [276f][225]. Seine Schwäche gegenüber dem Trieb, die „Plagen Aschtarti’s“ [277], begreift Juda als Strafe für seine Mitbeteiligung an dem, was dem Joseph geschehen ist, sieht er als Ursache für seine Verfluchung, in die er sich befangen weiß, die „Geschlechtshölle“ [ebd.]. Es ist genau diese Schwäche, die für Thamar entscheidend ist, die sie auszunutzen versteht, um sich einzuschalten. Von Juda wird angesichts des Todes seiner beiden Söhne Thamar die Rolle angedichtet, „eine Ischtar-Figur zu sein, die ihre Liebsten vernichtet, daß sie an ihrer Liebe sterben“ [278]. In der Zuordnung von Juda und Thamar drückt sich eine Art Wahlverwandtschaft aus.

Die Grundzüge der Gestalt Judas sind schon bei seiner ersten Einführung in den Erzählrahmen des Joseph-Romans in dessen zweitem Band, im dritten Kapitel des vierten Hauptstücks festgelegt[226], wo nicht allein sein Aussehen beschrieben wird, sondern vor allem auch auf seine innere Konstitution verwiesen ist, bestimmt zum einen von seiner Astaroth-Schwäche, die seinem Geschlechtsleben „von jungauf ein wirres und schmerzliches Gepräge“ gab und ihn „mit Astaroth auf unvergnügt-gespanntem Fuß“ stehen ließ, zum anderen aber von seiner Frömmigkeit und seinem Streben „nach gottesvernünftiger Reinheit“ [II, 108]. Die in diesem Zusammenhang schon berichtete Heirat Judas mit einer Tochter Schuas und der Geburt von zwei Söhnen, die nach Judas Meinung der Mutter nachschlagen, sowie der mit Bangen erwarteten Geburt eines dritten Sohnes findet bezugnehmende Aufnahme zum Abschluß des zweiten, bezeichnenderweise mit „Astaroth“ überschriebenden Kapitels des fünften Hauptstücks des vierten Bandes des Joseph-Romans:

Der junge Joseph	*Joseph, der Ernährer*	*Gen 38*
	Die Geschichte von Juda’s Ehe [...]	
Juda war damals, wie mehrere seiner Brüder und Halbbrüder, schon ehelich beweibt [...],	Wir wissen, daß Lea’s Vierter sich früh vermählt hatte, –	
und was Juda anlangte, so hatte der Vater froh sein müssen, daß er überhaupt in fleischli-	der Schritt war aus Reinheitsliebe geschehen, daß er sich binde, sich beschrän-	

225 Zum Sachzusammenhang vgl. v.a. *D. Mieth*, ebd. 137ff.
226 *Th. Mann*, Joseph II, 107ff.

chen Dingen durch eine Heirat zu einiger Befestigung und Beruhigung gelangt war, denn sein Geschlechtsleben hatte von jungauf ein wirres und schmerzliches Gepräge getragen [...]
Durch einen seiner Hirten, Hira geheißen, aus dem Örtchen Adullam, lernte er einen kanaanitischen Mann namens Schua kennen, dessen Tochter gefiel ihm, und er nahm sie mit Jaakobs Zustimmung.

Die Söhne, die sie ihm brachte, zwei vorderhand, unterwies er in der Vernunft Gottes. Sie aber schlugen der Mutter nach [...]: so wenigstens sah Juda es an und erklärte sich's so, daß sie übel waren, Kanaanskinder, Baalsbälge, Scheolsbuben, Molechnarren, obgleich der Kummer vielleicht nicht nur von Schua's Tochter kam. Sie verhieß ihm schon einen dritten, und ihm bangte, wie er sich anlassen werde. [II, 108f].

ke und Frieden fände; aber vergebens; die Rechnung war ohne die Herrin gemacht und ihren Speer.

Sein Weib, deren Name nicht überliefert ist , – vielleicht wurde sie wenig bei Namen genannt, sie war einfach Schua's Tochter, jenes kanaanitischen Mannes, dessen Bekanntschaft Juda durch seinen Freund und Oberhirten Hirah, vom Dorfe Odollam, gemacht hatte:
– dieses sein Weib denn hatte ihn viel zu beweinen, ihm viel zu vergeben, und etwas leichter wurde es ihr, weil sie immerhin dreimal Mutterglück kostete, – ein kurzes Mutterglück, denn die Buben, die sie dem Juda schenkte, waren nur anfangs nett, dann wurden sie übel: am wenigsten noch der Jüngste, Shelah, in einigem Abstand von den er-sten geboren; er war nur kränklich, aber die älteren, 'Er und Onan, waren zugleich auch übel, kränklich auf üble Art und übel auf kränkliche, dabei

[1] Und es begab sich um dieselbige Zeit, daß Juda hinab zog von seinen Brüdern, und tat sich zu einem Mann von Odollam, der hieß Hira.
[2] Und Juda sah daselbst eines Kananiter-Manns Tochter, der hieß Suha, und nahm sie.
Und da er sie beschlief, [3] ward sie schwanger und gebar einen Sohn, den hieß er Ger.
[4] Und sie ward abermals schwanger und gebar einen Sohn, den hieß sie Onan.
[5] Sie gebar abermals einen Sohn, den hieß sie Sela; und sie war zu Chesib, da sie ihn gebar.

hübsch und dazu
frech, kurzum ein
Leidwesen in Israel.
[277f]

Durch die Anbindung des zweiten Kapitels der Thamarerzählung an den zweiten Teil des Josephromans, die sich durch weitere Elemente ergänzen läßt, ist darin so etwas wie eine Rückblende zu sehen.

In seiner Rolle als „Knecht der Herrin“ [526], dessen „Umgang mit Kedeschen und Ischtar-Huren ... ihn der Baals-Sphäre und ihren Greueln und Narrheiten“ nahebrachte [II, 108], sieht Thamar, der nicht umsonst ein astartenhaftes Aussehen eignet, die Möglichkeit, sich in die Verheißungslinie einzuschalten, indem sie selbst zur Herrin wird und das „Ketônet paspasim, das Schleiergewand der Bestrickenden“ [301] anlegt und wohlberechnet seine Astaroth-Schwäche für sich zu nutzen weiß, dadurch daß sie unter Anwendung einer List, da sie sich als „Freudennonne“ [301], angetan mit dem Schleier[227], an den Wegrand setzt und er zum Opfer seiner Lust wird[228]. „Und er

---

[227] Während der Schleier in Gen 38,15 ganz offenkundig dazu dient, ein Erkennen Thamars durch Juda zu verhindern, hat der Schleier innerhalb der Joseph-Tetralogie unverkennbar eine andere Bedeutung. Als Thamar am Tore der Stätte Enajim kauert, da sah Juda, daß sie ein ketônet paspasim trug, das näherhin als „Schleiergewand der Bestrickenden“ [301] bezeichnet ist. Wie die exklamatorische Frage „Seit wann gehen Bestrickende ohne Schleier spazieren?“ [II, 110] verrät, ist damit die »Berufskleidung« einer Tempeldirne zu verstehen (vgl. auch den Verweis bei *B.-J.Fischer*, Handbuch, 413f).

[228] Wie sehr die beiden Figuren der Thamar und des Juda aufeinander bezogen sind, sich dabei geradezu als Herrin und Knecht gegenübertreten, spiegelt sich allein schon in ihrem Aussehen wider. Wenn Thamar zu Jaakobs Füßen sitzt, um die Welt zu erlernen, da wird sie als eine stolze, selbstbestimmende Frau vorgestellt [279]. Als eine gänzlich andere Persönlichkeit tritt Juda in den Kreis der Erzählung ein: „... drei Jahre jünger als Ruben, nicht weniger hoch gewachsen, aber etwas rundrückig und mit einem Leidenszug um Nüstern und Lippen [...] Er trug eine anliegende Mütze, die sein Haar, rotbraun wie der volle Spitzbart, der schmal über den roten, gepolsterten Lippen abwärtslaufende Schnurrbart, mähnenhaft reichlich hervorquellen ließ. Die Lippen zeugten von Sinnlichkeit, aber die feingebaute, gebogene und dennoch flach darauf niedergehende Nase drückte eine witternde Geistigkeit aus, und in den großen schwerlidrigen und

blieb stehen. ‚Die Herrin zum Gruß!' sagte er. ‚Sie stärke dich!' flüsterte sie. Da hatte der Engel der Lüste ihn schon gepackt und ihr Flüstern machte, daß er vor Neugier erschauerte nach dem Weibe. ‚Raunende Wegelagerin', sagte er mit bebendem Munde, ‚auf wen wartest du?' ‚Ich warte', antwortete sie, ‚auf einen lustigen Lüstling, der die Geheimnisse der Göttin mit mir teilen will.' ‚Da komm' ich halbwegs recht', sagte er, ‚denn ein Lüstling bin ich, wenn auch kein lustiger. Ich habe keine Lust zur Lust, aber sie zu mir. In deinem Amt, denke ich mir, ist man auch nicht sehr lustig zur Lust, sondern muß froh sein, wenn andere Lust haben'. ‚Wir sind Spenderinnen', antwortete sie, ‚kommt aber der Rechte, wissen wir auch zu empfangen. Hast du Lust zu mir?' Er rührte sie an. ‚Was gibst du mir aber?' hielt sie ihn auf. Er lachte. ‚Zum Zeichen', sprach er, ‚daß ich ein Lüstling mit einem Anflug von Lustigkeit bin, will ich dir einen Ziegenbock von der Herde geben, daß du mein gedenkest'" [301f]. In bezeichnender Weise werden hier die Aussagelinien zusammengebracht, die Thamar wie Juda, beide gleichermaßen, mit Zügen ausstatten, die der Gedankenwelt der Ischtar-Mythe zuzurechnen sind[229]. Wesentliche Impulse verdankt sich eine solche Sichtweise, die der biblischen Vorlage eher fremd ist, insbesondere der „panbabylonischen Schule", wobei für Thomas Mann vor allem das Werk von Alfred Jeremias Hauptinspirationsquelle gewesen ist[230], und zwar nicht unbedingt deshalb, weil er – allen Einsprüchen zum Trotz[231] –

---

spiegelnd hervortretenden Hirschaugen lag Melancholie" [II, 108]. Gleichsam um das Charakterbild Judas zu lebendiger Anschaulichkeit zu bringen, werden im Rahmen der Thamarerzählung einzelne Züge immer wieder aufgerufen: „... denn er war zum Leiden befähigt, wie seine Hirschaugen und ein bestimmter Zug um die feinen Nüstern, die vollen Lippen uns gleich vermuten ließen, und sie schuf ihm viel Fluch und strafendes Übel" [275f]; außerdem: „Juda erbleichte. Seine Hirschaugen traten vor, seine Nüstern flatterten. Sünder können äußerst reizbar sein gegen die Sünde der Welt ..." [303].

229 Hierzu näherhin *W.R. Berger*, Motive, 131ff.

230 Insbesondere *A. Jeremias*, Alte Testament.

231 Vgl. *J. Horovitz*, Josephserzählung, 115ff. – In einem Brief an J. Horovitz vom 11.6.1927 äußert sich Thomas Mann auch zu „dem von Mythologie freilich allzu besessenen Jeremias" und seiner religi-

im einzelnen den dort vorgetragenen Ansichten gefolgt wäre[232], sondern vielmehr weil dies seinem eigenen Anliegen entgegenkam[233]. Als Requisit, das mit Ischtar in Verbindung zu bringen ist, verdient vor allem der Schleier Beachtung. Innerhalb der biblischen Vorlage ist der „Schleier“, den Thamar anlegt (Gen 38,14a) und nach vollbrachter Tat wieder ablegt (Gen 38,19a), das Instrument, mit dem „sie ihr Angesicht verdeckt hatte“ (Gen 38,15b), um von Juda nicht als Schwiegertochter erkannt zu werden. Bei Thomas Mann, der hierin seiner Quellenliteratur folgt[234], ist der Schleier, den Thamars Angesicht bedeckt, als Schleier der Kedeschen zu deuten und erscheint damit als ein Ischtar-Zeichen. So konnte Thomas Mann bei Alfred Jeremias, der in dieser Frage neben anderen zu seinen Gewährsleuten gehörte, lesen: „Das Ištar-Zeichen ist der Schleier. Er gehört deshalb zur Ausstattung der ḳedeša. [...] Auch die andere Tamar, deren Verkehr mit dem Bruder 2 Sa 13 erzählt, ist mit Motiven des Ištar-Mythos gezeichnet [...] Einen anderen ‚Wink‘ hat der Erzähler durch das Gewand hineingeheimnist v.18: sie trug ketonet passîm. Das ist der Ausdruck, der nur noch für das Kleid des Joseph I Mos 37 ... vorkommt, dessen Geschichte mit Tamuz-Zügen verwoben ist [...] Der bunte Rock Josephs I Mos 37,3; 23. 32ff. wird mit dem Motivwort katonet paspasîm bezeichnet, das

---

onsgeschichtlichen Methode: „... wie ich denn allgemein den konsequenten Eifer nicht ganz begreife, mit dem Sie jede Möglichkeit derartigen Einflusses auf die Erzählung abzuwehren und sie literarisch zu isolieren suchen. Ob man ihren Hergang nun als historisch nimmt oder legendär, – auf jeden Fall ist doch die Form, in der sie uns vorliegt, eine späte Redaktion, deren Verfasser in der altorientalisch literarischen Überlieferung stand. Und wenn er sie mit allerlei mythischen Anspielungen ausgestattet und altes Gedankengut hineingeheimnißt hätte, so wäre das nicht zu verwundern. Die religionsgeschichtliche Neigung, die ein gut Teil meiner Lust zur Geschichte ausmacht, läßt mich das gern glauben“ (zitiert nach *H. Wysling*, Thomas Mann II, 96 = *Ders.*, Selbstkommentare, 24f).

[232] Brief an A. Jacobson vom 19.1.1945: „Richtig, bei Jeremias war ich sehr zu Haus. [...] Um Jeremias’ Tendenzen habe ich mich nicht gekümmert. Er war eine Quelle und zwar eine, die mich auf manches gebracht hat“ (ebd. 309f = 284).

[233] Hierzu näherhin *W.R. Berger*, Motive, 43ff.

[234] *W.R. Berger*, ebd. 132f.

nur noch 2 Sa 13,18f. als Bezeichnung des Gewandes der Tamar erscheint, die Ištar-Charakter trägt [...] Es ist das Ištar-Tamuz-Schleiergewand.“[235] Wenn Thomas Mann Thamar an der Stätte Enajim mit dem Ketônet paspasim, dem „Schleiergewand der Bestrickenden“ [301], bekleidet sein läßt, dann sieht er die beiden biblischen Thamar-Figuren zusammen, so daß deren Identitäten geradezu verschwimmen, gerät darüber hinaus aber auch zu weiteren Trägerinnen (Lea und Rahel), vor allem jedoch zu Joseph in Beziehung. „In der Ketônet wird Thamar gleichzeitig zur Ischtargestalt, der Liebesgöttin, der Juda bei Mann verfallen ist“[236].

4. „Nennt einer sie die verblüffendste Figur dieser ganzen Geschichte, so wagen wir nicht zu widersprechen“ [296] – so mischt sich der Erzähler kommentierend in das Erzählgeschehen ein. In der Tat, es ist die verblüffendste Figur der ganzen Geschichte. Entlehnt ist sie der Thamar der biblischen Vorlage. Von hierher bezieht sie ihre Identität, wenn sie auch in Thomas Manns Erzählung ihrer Vorlage gegenüber neue Züge gewonnen hat, die ihr zweifellos ein eigenes Profil geben. Diesem Zweck dient allein schon die grundlegende Neuorganisation des Erzählstoffes, deren entscheidendes Anliegen darin zu sehen ist, Thamar als eine Frau darzustellen, die in ihren Lehrstunden zu Füßen Jaakobs zu ihrer Bestimmung kommt und, nachdem sie diese gefunden hat, alles daran setzt, sich davon nicht mehr abbringen zu lassen. In den beiden korrespondierend einander zugeordneten Kapiteln 3 und 4 erscheint Thamar so denn auch mit Bedacht zum einen als „Sucherin“ [280], zum anderen als „Entschlossene“ [287]. Dieses Charakterbild der Thamar, das Thomas Mann nicht unmittelbar der biblischen Vorlage entnehmen konnte, trägt alle Züge eines „schöpferischen Kommentars“[237] zur biblischen Thamargeschichte, die sie nicht allein mit Hilfe eines Rückgriffs auf andere Materialien, gleich ob diese nun der jüdischen Tradition entnommen sind oder ob sie der modernen Kommentarliteratur entstammen, kommentierend und ak-

[235] *A. Jeremias*, Altes Testament, 370f.375.
[236] *F.W. Golka*, Joseph, 79f.
[237] *B. Badt-Strauss*, Thomas Mann, 22.

tualisierend ausweiten, sondern darüber hinaus auch Erfahrungen integrieren, die der eigenen unmittelbaren Erfahrungswelt entnommen sind. Das gilt in einem besonderen Maße für die von der biblischen Vorlage sich entschieden abhebende Gestalt der Thamar, die in der Sicht Thomas Manns ein ganz eigenes Profil gewinnt. Wenn die Selbstinformation Thomas Manns zutreffend ist, daß ihm die Gestalt der Thamar angesichts des Mangels einer bedeutsamen Frauengestalt für den letzten Band der Josephromane bedeutsam geworden sei, so erklärt das allein noch keineswegs, warum er dieser Gestalt, eigentlich eine Nebenfigur im größeren Erzählgefüge der Josephromane, einen derart breiten Raum eingeräumt hat, zumal die Eingangsverse des biblischen Thamarkapitels schon Eingang gefunden haben im vierten Hauptstück des zweiten Bandes. Hat er dort die Geschichte Thamars übergangen, dann wohl nicht aus Gründen einer Erzählökonomie heraus, um sich diesen Stoff für den abschließenden Band vorzubehalten[238], was auch angesichts der Tatsache, daß im Zusammenhang der dort geschehenden anspielenden Bezugnahme auf Gen 38,1ff die Figur der Thamar keinerlei Erwähnung gefunden hat, wenig wahhrscheinlich ist[239]. Daß die eingeschaltete Geschichte der Thamar Thomas Mann erst wesentlich

[238] Hierzu etwa auch die Erwägung *F.W. Golka*, Joseph, 74: „‚Warum so spät?‘ fragt sich der Bibelkundige. Die Bände 1–3 orientieren sich mehr oder weniger an der biblischen Reihenfolge Gen 25–39, wobei allerdings 37 (= Bd. 2) und 39 (= Bd. 3) jeweils einen ganzen Band verschlingen. Da wollte Thomas Mann wohl Gen 38 aussparen, weil ihm ja auch die Alttestamentler versicherten, das Kapitel gehöre nicht dazu. Warum hat er dann in Bd. 4 ‚Joseph, der Ernährer‘ seine Meinung geändert?“.

[239] Interesse beanspruchen hierbei nur die Heirat Judas mit der Tochter Schuas sowie die Geburt ihrer der Mutter nachschlagenden Söhne, wohingegen deren Heiraten mit Thamar außer acht bleiben. Zumindest erwähnenswert dürfte die unterschiedliche Schreibweise des kanaanäischen Ortsnamens, zum einen Adullam [II, 109], zum anderen Odollam [278], sowie die Verschiedenheit der Benennung jenes Mannes sein, der Judas Bekanntschaft mit Schua vermittelt, einmal knapp als einer „seiner Hirten, Hira geheißen“ [II, 109], das andere Mal als Freund und Oberhirte Hirah [278] bezeichnet.

später, bei der Arbeit am vierten Band des „Joseph“[240], erneut in seinen Gesichtskreis tritt, diesmal jedoch eine besondere Faszination ausübt, könnte sich wohl auch, obschon keineswegs hauptsächlich[241], dem Zusammentreffen mit einer Frau verdanken, der Thomas Mann anläßlich seiner dritten Amerikareise 1937 begegnet ist und die zur wichtigsten Gönnerin seiner amerikanischen Jahre wurde – Agnes E. Meyer, eine höchst eigenwillige und selbstbewußte Frau deutschamerikanischer Herkunft, die nicht allein Thomas Mann und dessen Familie finanziell immer wieder unterstützt hat, sondern auch seinem Werk zur Anerkennung zu verhelfen suchte[242]. Wenn es gewiß auch zu weit gehen würde, die Figur der Thamar einfachhin mit Agnes E. Meyer zu identifizieren[243], so ist es dennoch unzweifelhaft zutreffend, daß ihr die Thamar wesentliche

---

[240] Die Thamarerzählung ist zwischen dem 2.12.1941 und dem 16.1. 1942 entstanden, wobei der Beginn der Arbeit daran, ebenso wie deren bevorstehender Abschluß gerade auch in Briefen an Agnes E. Meyer angezeigt werden („Die Thamar-Episode ist nun einzuschalten; ich darf sie nicht auslassen“ [Brief vom 6.12.1941] bzw. „Die Thamar-Geschichte nähert sich ihrem Ende“ [Brief vom 11.1.1942]).

[241] In erster Linie anregend für die Einschaltung der Thamarerzählung wird der große Genesiskommentar von Benno Jacob gewirkt haben, den Thomas Mann für die Arbeit am vierten Band des „Joseph“, und zwar einsetzend mit der Einschaltung der Thamarerzählung, eingehend konsultiert hat. Neben der Interpretation der Verheißungsfigur des Shilo verdankt sich vor allem auch die Zusammenschau der Geschichte der Thamar mit den Segensworten über Juda im Rahmen der „Sterbeversammlung“ im siebten Hauptstück der Inspiration durch Benno Jacob (dazu s.o.). Insofern kann gerade die Lektüre dieses Genesiskommentars nachhaltig die Aufmerksamkeit auf die bislang übergangene Geschichte der Thamar gelenkt haben.

[242] Von der Bedeutung der Beziehung von Thomas Mann und Agnes E. Meyer zeugt auch der umfangreiche Briefwechsel beider (hierzu *H.R. Vaget*, Briefwechsel; dort auch [5–71] eine umfangreiche biographische Skizze durch den Herausgeber). Zur durchaus spannungsreichen Beziehung von Schriftsteller und Mäzenin vgl. im übrigen *H. Wysling-Y. Schmidlin*, Thomas Mann, 366–369 und *H. Kurzke*, Mann, 425–428, dem weitgehend *F.W. Golka*, Joseph, 74f gefolgt ist.

[243] So *E. Reents*, Mann, 139: „Agnes E. Meyer ist Thamar, die Frau, der im vierten Josephsroman *Joseph der Ernährer* ein ganzes Hauptstück gewidmet ist“; zu Recht demgegenüber die Kritik von *H. Kurzke*, Mann, 426: „Thamar ist eine biblische Figur und nicht Agnes Meyers halber in den Roman eingeführt.“

Charakterzüge verdankt. Die Thamar der Erzählung erscheint dabei fast wie ein Portrait dieser in den Dichter verliebten, ihn aber keineswegs kritiklos verehrenden, dabei ihr Ziel nie aus dem Auge verlierenden Frau, die mit allen Mitteln darum bemüht ist, sich in die Geschichte einzuschalten[244]. Indem Thomas Mann seine Thamar auch mit den Zügen seiner Verehrerin ausstattet, ist damit jedoch ein entscheidender Transformationsprozeß einhergegangen. „Er transponiert sie ins Reich der Fiktion und des Spiels. Diesem Akt kreativer Abwehr verdanken wir die mächtige Gestalt der Thamar“[245]. In Thamar, die zu Füßen Jaakobs, des Geschichtenschweren, sitzt und unverwandt seinen Worten lauscht, spiegelt sich im Raum der Literatur nachgerade jene Situation, da Agnes E. Meyer zu Füßen des von ihr Verehrten saß. Wenn Thomas Mann mit Blick auf die Thamar-Episode von „einer Novelle für sich und seinem merkwürdigen Gegenstand“ spricht (Brief vom 23.12. 1941), dann mag darin auch die Begegnung mit Agnes E. Meyer mit ihrem entschlossenen Bestreben, ihn, den Mann, zu befreien[246], eine literarische Verarbeitung erfahren haben. Die Figur der Thamar trägt so wohl nicht zufällig autobiographisch gefärbte Züge, wie nicht zuletzt auch die kommentierende Einmischung des Erzählers zu erkennen gibt. „Um uns Alten einmal noch das Gefühl zu wekken, oder doch etwas, was mild und verhüllt an das Gefühl unserer Jugend erinnert, muß schon was Besonderes kommen, das uns durch seine Bewunderung stärkt, astartisch zugleich und geistlich begierig nach unserer Weisheit“ [279].

---

[244] Im Anschluß an die zuvor zitierte entsprechende Charakterisierung der Erzählfigur der Thamar [287] heißt es in Bezug auf Agnes E. Meyer bei *H. Kurzke*, Mann, 426: „Agnes E. Meyer war fest entschlossen, sich mit Hilfe ihres Weibtums in die Geschichte der Welt einzuschalten. So sah das jedenfalls Thomas Mann. Sie hatte ihm zu Füßen gesessen, dem Geschichtenschweren, und sich in ihn verliebt, dem Geiste nach, wenn auch nicht im Fleische, denn davon wollte der Gefeierte nichts wissen. Das welterlösende Kind, das sie mit ihm haben wollte, war die Literatur.“

[245] *H.R. Vaget*, Briefwechsel (Anm.213) 8.

[246] *H. Kurzke*, Mann, 425ff und *E. Reents*, Mann, 136f.

Aber trotz aller portraithaften Züge, die Thomas Mann seiner Thamar angesichts seiner Begegnung mit Agnes E. Meyer verliehen hat, ist und bleibt die Thamar, wie schon gesehen, eine biblische Figur[247], die ihre Kontur und ihr Profil gerade vor dem Hintergrund und in Auseinandersetzung mit der biblischen Thamar findet. So sehr sich Thomas Mann hinsichtlich der Darstellung der Thamar und ihrem merkwürdigen Tun von der biblischen Vorlage inspirieren läßt, so wenig kann zwischen der biblischen Thamar und der namensgleichen Figur in Thomas Manns Thamarerzählung eine Identität konstatiert werden. Trotz bestehender Namensgleichheit, trotz Neuerzählung der alten Geschichte in kommentierender Absicht haben die beiden Ausformungen der Thamargestalt nur wenig miteinander gemein. Die Thamar, der Thomas Mann in seiner Erzählung zum Leben verhilft, ist eine selbstbewußte Frau, die um ihre Erwählung und ihre Stellung in der Heilsgeschichte weiß, die nichts unversucht läßt, sich mittels Judas auf die Bahn der Geschichte zu bringen. Ihr Wissen um die Zusammenhänge, die offenkundigen wie die verborgenen, hat sie erworben in den langen Lehrstunden bei Jaakob, da sie reg- und wortlos zu seinen Füßen saß und all das in sich aufnahm, was fortan ihr Denken und Streben bestimmen sollte. Von anderer Kontur ist demgegenüber die biblische Thamar. Auch sie ist als eine strebsame, durchaus unbeirrt handelnde junge Frau dargestellt, wie es nachgerade die Konsequenz, mit der sie sich aus einer gänzlich passiv und blaß erscheinenden Figur zu einer selbstbewußt agierenden Persönlichkeit wandelt, nahelegt. Und doch ist ihr Handeln von einer gänzlich anderen Grundeinstellung getragen. Mit „verblüffender Entschlossenheit“ [305] schaltet sich die Thamar Thomas Manns ein in die Geschichte, und sie weiß auch – wie das grandiose Schlußbild der Thamarerzählung aufleuchten lassen möchte – schon um das Ziel, in dem sich die Geschichte erfüllt. Ohne daß er selbst mit Namen genannt wird, führt am Ende alles auf David hin. Von derartigen Gedanken verlautet in der Geschichte der biblischen Thamar nichts. Was sie und ihre Handlungsweise bestimmt, ist nicht geschichtli-

---

[247] *H. Kurzke*, ebd. 426.

cher Ehrgeiz. Vielmehr läßt sie sich vom Gedanken innerfamiliärer Solidarität leiten. Daß auch sie durch ihr außergewöhnliches Tun zur Ahnherrin des messianischen Königs wird, enthüllt nur eine verborgene Sinnlinie, die der Erzähler der von Thamar erzählten Geschichte zu geben versucht. In der Sinndeutung bei Thomas Mann ist es nicht ohne tiefere Bedeutung, daß Thamar nochmals im siebten und letzten Hauptstück des vierten Bandes der Josephromane, als Jaakob im elften, die „Sterbeversammlung“ darstellenden Kapitel seinen Söhnen seine Segensworte kundtut, auftritt, will sie doch sehen, wie sich für sie ihre Lebensbestimmung erfüllt. Demgegenüber bleibt in der biblischen Geschichte Thamar eine in den Zusammenhang der Josefsgeschichte nur eingeschaltete Figur, die mit Gen 38 aus dem Raum der Erzählung wiederum verschwindet und keine weitere Erwähnung mehr findet. Auf einen weiteren Unterschied sei hier aufmerksam gemacht. Bei Thomas Mann ist Thamar zweifelsohne die Hauptgestalt seiner Erzählung, in deren Hand alle Fäden zusammenkommen. Juda erscheint zwar als eine ihr gleichermaßen gegenübertretende wie zugeordnete Figur, ohne aber je zu eigener Größe heranzuwachsen. Er erweist sich geradezu als ein Spielball in den Händen Thamars. Am Ende steht Juda im wortwörtlichen Sinne verlacht und ausgespottet da. „Da fing ein Weib an zu lachen, und dann noch eins, und dann ein Mann und dann viele Männer und Weiber, und endlich lachte schallend und unauslöschlich die ganze Rotte, daß sie in die Hucke gingen vor Lachen und ihre Münder gen Himmel klafften und riefen: ‚Juda, du bist's! Juda hat aus seiner Schnur seine Schnurre gemacht! Huhu, hoho und haha!‘“ [304]. So dem Gelächter der Frauen und Männer preisgegeben, steht Juda beschämt da. „Er sprach leise im Schwall: ‚Sie ist gerechter denn ich!‘ und ging geneigt aus ihrer Mitte davon“ [ebd.]. In Bezug auf Gen 38 ist nicht einmal klar, inwieweit die hier überlieferte Erzählung als Thamargeschichte bezeichnet werden kann. Zweifellos kommt der Gestalt des Juda im Rahmen von Gen 38 selbst ein wesentlich höheres Gewicht zu, allein schon daran erkennbar, daß die Erzählfolge von ihm ausgeht und wiederum auf ihn hin zuläuft[248]. Die Ausrichtung auf Juda wird schließlich dadurch bekräftigt, daß Gen 38 eine genau bestimmbare literarische Funktion im Rahmen einer durchgehenden judaorientierten Bearbeitung der Josefsgeschichte zukommt[249]. All dies läßt Thamar in ihrer Bedeutung zurücktreten. Erfüllt hat sie sich mit der Geburt des Perez, der „Stammvater des messianischen Königs" ist[250]. Ihre Würde zeigt sich gerade in ihrer Sendung, „Stammutter des Messias zu werden"[251]. Die biblische Thamar steht im Dienst einer im Verborgenen liegenden Mission, die sich erst in der Zukunft erfüllt, einer Mission jedenfalls, die nicht in ihrem persönlichen Streben nach Ruhm und Geltung begründet liegt, auch nicht in ihrem weltgeschichtlichen Ehrgeiz. Daß hinter dem ungewöhnlichen Tun Thamars eine theologische Sinnperspektive, auch wenn diese nicht offen ausgesprochen wird, zu suchen ist, eröffnet sich nicht zuletzt aufgrund der Stellung von Gen 38 im Zusammenhang der Josefsgeschichte und darüber hinaus innerhalb des kompositorischen Gefüges des Genesisbuches insgesamt.

---

248 So erscheint Juda nicht nur als Subjekt der eröffnenden Aussage („... daß Juda hinab zog von seinen Brüdern" [Gen 38,1a]), sondern auch als Namengeber der ihm von Thamar geborenen beiden Söhne Perez und Serah („und er rief seinen Namen ..." [Gen 38,29b und 30b]).

249 Hierzu näherhin *P. Weimar*, Spuren, 297–315.

250 *B. Jacob*, Genesis, 724.

251 *B. Jacob*, ebd. 723.

V

Thomas Manns Bedeutung für die Auslegung des Genesisbuches – Ein Ausblick

Mit der Einführung der Figur der Thamar in den Rahmen der Josephtetralogie ist Thomas Mann ein ganz besonderer Kunstgriff gelungen. Das Fehlen einer großen Frauengestalt entsprechend den vorangehenden drei Bänden für den abschließenden vierten Band hat ihn Thamar entdecken und in den Raum der Erzählung eintreten lassen[252]. Es ist ein verspätetes Auftreten. Die Erzählung unterbricht, um Thamar einführen zu können, die Reihe der erzählten Ereignisse in Ägypten, „kehrt hier vom ägyptischen Boden zurück zum Schauplatz des ersten und zweiten Bandes, nach Kanaan, und eine geschlossene Novelle ist eingeschaltet, die diesem Roman seine markante Frauengestalt gibt, wie der erste sie in der lieblichen Rahel, der dritte in der entbehrenden Mut-em-enet hatte. Es ist Thamar, die Schwiegertochter Juda's, eine Figur großen Stils, das weibliche Paradigma der Entschlossenheit, deren geistlicher Ehrgeiz kein Mittel verschmäht, das dazu dienen kann, sie, das heidnische Baalskind, auf die Bahn der Verheißung zu bringen und sie zu einer Vor-Mutter des Messias zu machen."[253]
Warum die Figur der Thamar bis dahin ausgeblendet geblieben ist, kann nur vermutet werden. Schon innerhalb des biblischen Darstellungszusammenhangs präsentiert sich das zwischen Gen 37 und 39 eingeblendete Kapitel Gen 38 wie eine den Erzählfaden unterbrechende, eingeschaltete Erzählung (II), dementsprechend auch häufig als ein nicht mit der Josefserzählung ursprünglich verbundener redaktioneller Einschub angesehen, eine Annahme, die

[252] *Th. Mann*, Sechzehn Jahre, 126.
[253] *Th. Mann*, Joseph und seine Brüder, 110.

Thomas Mann wohl nicht verborgen geblieben sein kann und die ihn möglicherweise die Geschichte der Thamar zunächst hat übergehen lassen, zumal von ihm die Problematik eines solchen Unterfangens, die Geschichte um Juda und Thamar an einer früheren Stelle einzuordnen, durchaus gesehen worden ist[254]. Der Mangel einer Frauenfigur für den vierten Roman, die nicht nur diesem, sondern der ganzen Josephtetralogie einen besonderen Glanz verleihen sollte, weckte ein neues Interesse an der für den Roman bisher ausgeschalteten Thamarerzählung. „In seiner Not verfiel Thomas Mann auf die Geschichte jener Frau, die sich in der Bibel entschlossen in die Segenslinie einzuschalten verstand: Thamar."[255] Zur Klärung des Gedankens hat sodann zweifellos der jüdische Kommentar zum Genesisbuch von Benno Jacob beigetragen haben, der für Thomas Mann gerade im Zusammenhang der Arbeit an der Thamarerzählung bedeutsam geworden ist. Wenn Benno Jacob in seiner Kommentierung der Thamarerzählung darauf abhebt, daß die Triebfeder der Handlungsweise Tha-

---

[254] Als Thomas Mann Ende Juli 1940 die Arbeit am letzten Band der Josephtetralogie wieder aufnimmt, besteht noch „Unsicherheit, wo am besten der Faden der Erzählung aufzunehmen sei. In der Genesis ist zwischen das 37. Kapitel, das mit Jaakobs Trauer um den zerrissenenen Joseph und dem Verkauf nach Ägypten schließt, und das 39., Josephs Aufstieg bei Potiphar bis zur zweiten Grube umfassend, das 38. eingeschaltet, das von Judas Geschichte mit Thamar berichtet. Mit Grund hat Thomas Mann sich nicht daran gehalten. Die Einschaltung reißt selbst in der knappen Fassung der Bibel die Erzählung auseinander. Die vage Eingangsformulierung, es habe sich ‚um dieselbe Zeit' begeben, kann den Bruch nicht verschleiern. Am 30. Juli 1940 überlegt Thomas Mann: ‚Geschichte Jehuda's voranzustellen?' Er wird sie dann aber erst als das fünfte Hauptstück unter dem Titel ‚Thamar' dem großen ‚heiligen Spiel' der Wiederbegegnung mit den Brüdern vorangehen lassen, also vor den mächtigen sechsten, eigentlichen Hauptteil des epischen Finales einbauen. Auch da noch ist das kompositorische Wagnis groß genug. Dort gelang, was als Eröffnung des vierten Bandes leicht hätte scheitern können" (*E. Heftrich*, Geträumte Taten, 333f).

[255] *E. Heftrich*, Geträumte Taten, 103f. – In der Annahme, daß Thamar sich in die Segenslinie einzuschalten verstand, folgt E. Heftrich der durch Thomas Mann vorgegebenen Interpretation, die in dieser Form keinen Anhalt in der biblischen Thamarerzählung hat (vgl. hierzu die Überlegungen bei *P. Weimar*, Erwägungen II, 14ff).

mars „nicht gewesen sein [kann], daß sie durchaus ein Kind für sich haben wollte", sondern daß sie „sich der hohen Bestimmung bewußt [ist], die sie erfüllen sollte, indem sie in Judas Familie heiratete"[256], dann ist genau das ein Gedanke, der anregend für Thomas Mann im Blick auf seine Ausgestaltung der Figur der Thamar gewesen sein mag. Doch vor allem ein weiterer Gedanke dürfte bei Thomas Mann einen kreativen Prozeß ausgelöst haben. Es ist die Belehrung, die Juda Thamar zuteil werden ließ, indem er „sie über seine Familie, ihren Beruf und die göttlichen Verheißungen unterrichtete"[257].
Aus der Belehrung Judas über Thamars Bestimmung werden bei Thomas Mann die Lehrstunden Jaakobs, die er Thamar zuteil werden läßt, die sie gebannt in sich aufnimmt und so am Ende als die „Entschlossene" dasteht. Bevor paraphrasierend und kommentierend die Thamarerzählung von Gen 38 selbst aufgerufen wird, was erst in des fünften Hauptstücks zweiter Hälfte geschieht, im vierten Kapitel noch zaghaft, in voller und sich steigernder Breite erst im fünften und vor allem sechsten Kapitel, sind, die ganze erste Hälfte des Hauptstücks einnehmend, die Lehrstunden Jaakobs, die Thamar zuteil werden, vorgeschaltet, damit dem besonderen Verhältnis Ausdruck gebend, das Thamar mit Jaakob verbindet. Und nicht ohne Bedacht tadelt der Erzähler hier die Tradition. „Aber nicht bekannt, da die Chronik es übergeht, ist das Verhältnis Thamars zu Jaakob, obgleich es doch die unentbehrliche Voraussetzung zu der Episode und merkwürdigen Randhandlung unserer Geschichte ist, die wir hier einschalten, – nicht ohne uns dabei an die Tatsache gemahnt zu fühlen, daß diese Geschichte, die man wohl verführerisch nennen kann, da sie uns zu so genauer Ausführlichkeit verführt, die Geschichte Josephs und seiner Brüder, selbst nur eine anmutige Einschaltung ist in ein Epos ungleich gewaltigerer Maße" [268]. Damit wird zugleich der Rahmen der Belehrung abgesteckt, die Thamar empfängt, nicht allein die Geschichte der Väter und damit Israels umfassend, sondern

---

256 *B. Jacob*, Genesis, 722.
257 *B. Jacob*, ebd.

viel umgreifender die Geschichte der Menschheit[258]. Wird damit die Geschichte der Menschheit bis in ihre Anfänge in die Thamarerzählung hereingeholt, dann ist damit ein bedeutsamer interpretatorischer Ansatz eines Verstehens gegeben, will doch die Geschichte der Thamar und mit ihr die Josephtetralogie aus der Perspektive Thomas Manns nicht einfach als eine Geschichte Josephs, sondern im Ausgriff auf das ganze Genesisbuch als Menschheitsgeschichte gelesen werden[259].

Ist eine Deutung der Thamarerzählung in Gen 38 immer auch als schwierig angesehen worden, so liegt der Grund hierfür m.E. nicht zuletzt in einer isolierten Lesung als Einzelgeschichte, ohne aber näherhin nach ihrer Funktion im größeren Erzählrahmen zu fragen. Die Verstehensperspektive, die sich in Thomas Manns Thamarerzählung eröffnet, ist ebenso einfach wie überzeugend. Das Einst der Vergangenheit und das Einst der Zukunft einander gegenübertreten lassend, kulminieren die Lehrstunden, die Thamar von Jaakob empfängt, in einer Verheißung, in der der tiefere Sinn der Belehrung Thamars durch Jaakob zusammengefaßt erscheint. „Wovon sprach er zu ihr? Er sprach ihr von Shiloh. […] Ihn, der da kommen würde, nannte er Shiloh,– und nun ist man dringend aufgefordert, sich's vorzustellen und es sich einzubilden, so gut man nur kann, wie Jaakob, der Aus- und Eindrucksreiche, in diesen Lehrstunden, das Anfänglichste mit dem Zukünftigsten verbindend, von Shiloh sprach. Es war bedeutend, es war gewaltig; Thamar, das Weib, das allein gewürdigt war, es zu hören, saß unbeweglich" [285f]. Das Wort vom Shiloh, der da kommen würde, stellt eine Verbindung her zum rätselhaft-dunklen Vermächtniswort an Juda in Gen 49,10[260], greift damit weit vor auf die „Sterbeversammlung", wo Jaakob „feierlich nur längst Vorbereitetes hören [ließ], was er bedacht und sich zurechtgelegt hatte ein halbes Leben lang, und wofür seine Sterbestunde eben nur ihre Weihe hergeben mußte" [285]. Und nicht zufällig ist bei der Ster-

---

258 *E. Heftrich*, Geträumte Taten, 114.

259 Ähnlich auch – gegenüber einem verengten Verständnis bei *G. von Rad*, Josephserzählung – *E. Drave*, Strukturen, 201.

260 Hierzu jüngst *J. Ebach*, Genesis 37–50, 600–605.

beversammlung – entgegen der Überlieferung – auch Thamar mit ihren Söhnen anwesend. Hier, in der Sterbeversammlung, liegt denn auch der eigentliche Schlüssel zu einem Verständnis der Thamarerzählung[261].
Thomas Manns Josephtetralogie will zweifellos als Exegese des Genesisbuches gelesen werden und will auch als solche beachtet sein[262]. Im methodischen Ansatz mit der rabbinischen Auslegung verwandt, ereignet sich in den Josephromanen ein facettenreiches Spiel einer aktualisierenden wie vergegenwärtigenden, den Verstehenshorizont des Lesers einbeziehenden, diesen zur Stellungnahme herausfordernden Neulesung des biblischen Textes. Sind die Josephromane als Exegese wahrzunehmen und zu verstehen, dann hat aber auch „die Exegese diesen Roman als exegetischen Gesprächspartner ernst" zu nehmen[263]. Gerade von der Thamarerzählung, worin sich das Gesamtwerk der Josephromane brennpunktartig spiegelt, eröffnen sich Perspektiven, anhand deren Thomas Manns Bedeutung für eine Auslegung des Genesisbuches in Erscheinung tritt:
1. Kreativ stellt Thomas Mann einen Zusammenhang zwischen Jaakobs Lehrstunden für Thamar und der Sterbeversammlung des abschließenden Hauptstückes her, nicht zuletzt, um auf diese Weise das Erzählgeschehen selbst plausibler werden zu lassen. Der Schlüssel für das in Gen 38 erzählte Geschehen liegt demnach nicht in der eingeschalteten Thamarerzählung selbst, sondern am Ende des Genesisbuches in den Vermächtnissprüchen Jaakobs in Gen 49, näherhin in dem Spruch über Juda Gen 49,8–12[264]. Daß eine derartige Zusammenlesung beider Texte, von Gen 38 einerseits und von Gen 49,8–12 andererseits, in der exegetischen Diskussion weitgehend nicht zur Geltung kommt, hängt zweifellos mit dem geradezu als Konsens anzusehenden Verständnis von Thamarerzählung Gen 38 und Vermächtnissprüchen Jaakobs Gen 49,1–28 als späteren

---

[261] Als „bibelexegetisch hochinteressant" versteht *F.W. Golka*, Joseph, 75 den Deuteansatz von Thomas Mann.
[262] Vgl. hierzu insbesondere *E. Drave*, Strukturen, 203.
[263] *E. Drave*, ebd.
[264] Ein solcher Zusammenhang wird nachdrücklich von *F.W. Golka*, Joseph, 75 herausgestellt.

Einschüben in die Josefsgeschichte zusammen[265], was wohl nicht zuletzt dazu verführte, solche Einschübe auch interpretatorisch zu vernachlässigen. Bestehende thematische Verbindungslinien zwischen beiden Texten hat Thomas Mann hellsichtig erkannt und für seine erzählerisch-konzeptionelle Konstruktion zu nutzen gewußt. Ein solcher zweifelsohne bestehender thematischer Zusammenhang gewinnt im übrigen gerade dann an Überzeugungskraft, wenn gesehen wird, daß die „Judatexte" im Rahmen der Josefsgeschichte des Genesisbuches als Bestandteile einer geschlossenen redaktionellen Bearbeitung derselben anzusehen sind, für die sich literargeschichtlich eine Verbindung mit der für die Komposition des Genesisbuches maßgebenden Redaktionsschicht empfiehlt[266]. Ein solches Ergebnis hinsichtlich der literargeschichtlichen Beurteilung der Judatexte im Rahmen der Josefsgeschichte gewinnt zusätzlich an Bedeutung, wenn darüber hinaus gesehen wird, daß der hierfür maßgebende literarische Rahmen nicht auf die Josefsgeschichte beschränkt ist, sondern unverkennbar darüber hinausweist und sich auf das Genesisbuch insgesamt bezieht.

2. Damit verbindet sich eine zweite, für ein Verständnis der Josefsgeschichte nicht unbedeutsame Perspektive. Wenn Gerhard von Rad gegenüber den Josephromanen von Thomas Mann die hier geschehende Remythologisierung anmahnt und demgegenüber im Blick auf die biblische Josefsgeschichte deren vollkommene Weltlichkeit und aufgeklärte Geistigkeit herausstellt[267], darf nicht unbeachtet bleiben, daß beide, wenn sie von einer Josephgeschichte reden, nicht die gleiche literarische Größe im Blick haben. Während diese für Gerhard von Rad eine aus dem Rahmen des Genesisbuches auszugrenzende, für sich zu stellende, einheitlich gestaltete Erzählung darstellt, ist

[265] Vgl. zuletzt wieder *H.J. Boecker*, Josefsgeschichte, 95–117.

[266] Zur literargeschichtlichen Beurteilung der hier in Frage stehenden Judatexte vgl. nur die Hinweise bei *P. Weimar*, Spuren, 297–315; *Ders.*, Rede, 125–144; *Ders.*, Entstehungsgeschichte, 327–353. – In der Sache zutreffend, in der Argumentation aber durchaus zweifelhaft *F.W. Golka*, Joseph, 26.

[267] *G. von Rad*, Josephserzählung. – Zur kontovers geführten Debatte vgl. näherhin *P.L. Sauer*, Gottesvernunft, 249–354.

bei Thomas Mann deren literarischer Rahmen von vornherein nach hinten ausgeweitet auf das ganze Genesisbuch hin, womit unverkennbar eine nicht unbedeutsame Perspektivenverschiebung einhergeht[268]. Damit greift Thomas Mann auf ein Kompositionsprinzip zurück, das bereits in der biblischen Josefsgeschichte angelegt ist. Gerade bei Beachtung ihrer literarischen Endgestalt erscheint diese nicht (mehr) als eine für sich stehende literarische Größe, was allein schon daran erkennbar wird, daß auf schlußredaktioneller Ebene mit Gen 39 eine neue programmatische Eröffnung der von Joseph und seinen Brüdern handelnden Geschichte geschaffen worden ist, nicht zuletzt wohl dadurch hervorgerufen, daß infolge der redaktionell bedingten Einschaltung von Gen 38 die in Gen 37* liegende ursprüngliche Eröffnung der Josefsgeschichte von ihrem angestammten literarischen Zusammenhang abgetrennt und in engere Verbindung mit der vorangehenden Jakobgeschichte gebracht worden ist[269]. Gerade auf der Ebene der für die Komposition des Genesisbuches maßgebenden Redaktionsschicht erscheint die Geschichte von Joseph und seinen Brüdern eingebunden in den gesamtkompositorischen Zusammenhang des Genesisbuches, das damit auch den angemessenen Interpretationsrahmen für deren Verständnis abgibt.

3. Die durch Thomas Manns Josephromane gewiesene Spur vom Genesisbuch als Interpretationsrahmen kann durch einen weiteren Aspekt ergänzt werden, der auf andere Weise nochmals Thomas Manns Bedeutung für eine Auslegung des Genesisbuches sichtbar zu machen geeignet ist. In den Vordergrund seines Interesses stellt er „das Typische, Immer-Menschliche, Immer-Wiederkehrende, Zeit-

---

[268] Der Sachverhalt ist deutlich von *Th. Mann*, Joseph und seine Brüder, 107 beschrieben: „… besonders da ich mich entschieden hatte, daß es mit der persönlichen Geschichte Josephs nicht getan sei, sondern daß die Vor- und Urgeschichte, die Geschichte der Väter bis zurück zu Abraham und weiter zurück bis zu den Anfängen der Welt, wenigstens in der Perspektive, mit aufgenommen zu werden verlangte.“

[269] Zum hier angesprochenen, im einzelnen jedoch weiter auszuführenden literarischen Phänomen vgl. die Hinweise bei *P. Weimar*, Geschichte, 119ff.

lose, kurz: das Mythische. Denn das Typische ist ja das Mythische schon, insofern es Ur-Norm und Ur-Form des Lebens ist, zeitloses Schema und von je gegebene Formel, in die das Leben eingeht, indem es aus dem Unbewußten seine Züge reproduziert."[270] Wenn es zutreffend ist, daß alles, was geschieht, Wiederholung ist[271], dann erscheint gerade auch in der Thamarerzählung ein Phänomen von Interesse und Bedeutung, das sich als Wiederaufnahme eines zuvor schon erzählten Geschehens darstellt. Hier sind näherhin die rahmenden Kompositionselemente von Gen 38 zu bedenken (38,1–6 und 27–30). So erinnert der Bericht von der Geburt der Judasöhne Er, Onan und Schela (Gen 38,3–5a) in frappierender Weise, und das wohl nicht zufällig, an die viergliedrige Reihe von der Geburt und Namengebung der Leasöhne Ruben, Simeon, Levi und Juda in Gen 29,32–35, und zwar nicht nur hinsichtlich der dichtgedrängten, schnellen Abfolge, sondern auch in bezug auf die Namengebung durch die Mutter[272], damit deutlich das dort vorgeprägte Muster aufnehmend und zugleich in abgewandelter Form weiterführend. Aber auch die Erzählsequenz von der Geburt des Zwillingspaares Perez und Serach in Gen 38,27–30 hat bezeichnenderweise eine Anbindung an die Zwillingsgeburt der Isaaksöhne Esau und Jakob aus Gen 25,24–34[273], womit zugleich auch die theologischen Zusammenhänge angezeigt sind, aus denen heraus die in Gen 38 geschilderte Geburt der Judasöhne zu verstehen ist. Unverkennbar wiederholt sich hier ein vorgeprägtes Muster, was der Darstellung ein eigenartiges Gepräge gibt und vor allem dann Beachtung verdient, wenn angesichts der schlußredaktionellen Prägung, wie sie für die beiden Geburtsberichte in Gen 38 vorauszusetzen ist, diese in der Spur des in Gen 25,24–34 und 29,32–35 Erzählten zu gehen beabsichtigen.

Es sind Fragen, die von Thomas Mann angestoßen sind und in der Diskussion bislang noch nicht die gehörige Be-

---

[270] *Th. Mann*, Joseph und seine Brüder, 104.

[271] So im Anschluß an *H. Kurzke*, Mondwanderungen, 24.

[272] Hierzu näherhin *E. Salm*, Juda, 151; außerdem *P. Weimar*, Einschaltung.

[273] Ebenfalls *E. Salm*, Juda, 154f. und *P. Weimar*, Einschaltung.

achtung erfahren haben. Die Forschung steht hier erst am Anfang. Jedenfalls können Thomas Manns Josephromane keineswegs nur Gegenstand einer „möglichen Nörgelei ängstlicher Theologen“[274] sein, sie fordern vielmehr neues Nachdenken über die mit dem Genesisbuch verbundenen literarischen wie theologischen Perspektiven heraus.

---

[274] *E. Heftrich*, Geträumte Taten, 88.

Literaturverzeichnis

Alter, R., The Art of Biblical Narrative, New York 1981.

Appelfeld, A., The Bible and Thomas Mann, in: *M. Papst-Th. Sprecher* (Hg.), Vom weltläufigen Erzählen. Die Vorträge des Kongresses in Zürich 2006 (TMS 38), Frankfurt / Main 2008, 63–71.

Arens, H., Analyse eines Satzes von Thomas Mann (Beihefte zur Zeitschrift „Wirkendes Wort“ 10), Düsseldorf 1964.

Assmann, J., Thomas Mann und Ägypten. Mythos und Monotheismus in den Josephsromanen, München 2006.

Baden, H.J., Thomas Mann und die Theologie, in: *Ders.*, Poesie und Theologie, Hamburg 1971, 99–124.

Badt-Strauss, B., Thomas Mann und der Midrasch, Jüdische Rundschau, Frankfurt / Main 1946, 222f.

Basler, O.-Goldschmidt, H., Thomas Mann und das Alte Testament, Schweizerische Annalen 2 (1945), 170–176.

Berger, W.R., Die mythologischen Motive in Thomas Manns Roman „Joseph und seine Brüder“, Köln-Wien 1971.

Berger, W.R., Die mythologischen Motive in Thomas Manns Roman „Joseph und seine Brüder“ (Literatur und Leben NF 14), Köln-Wien 1971.

Biesel, H., Thomas Mann. Theologische Ironie als Versöhnung, in: *Ders.*, Dichtung und Prophetie, Düsseldorf 1972, 47–80.

Blum, E., Die Komposition der Vätergeschichte (WMANT 57), Neukirchen-Vluyn 1984.

Boecker, H.J., Redeformen des Rechtslebens im Alten Testament (WMANT 14), Neukirchen-Vluyn 1964.

Ders., Überlegungen zur Erzählung von der Versuchung Josephs (Genesis 39), in: *P. Mommer-W. Thiel* (Hg.), Altes Testament – Forschung und Wirkung. FS A.Graf Reventlow, Frankfurt / Main 1994, 3–13 = *Ders.*, „Gott gedachte es gut zu machen“. Theologische Überlegungen zum Alten Testament. Hg. von *P. Mommer-W. Thiel* (BThSt 54), Neukirchen-Vluyn 2003, 94–106.

Ders., Überlegungen zur „Geschichte Tamars“ (Gen 38), in: *R. Kessler-K. Ulrich-M. Schwantes-G. Stansell* (Hg.), „Ihr Völker alle, klatscht in die Hände!“. FS E.S. Gerstenberger, Münster 1997, 49–68 = *Ders.*, „Gott gedachte es gut zu machen“. Theologische

Überlegungen zum Alten Testamen. Hg. von *P. Mommer-W. Thiel* (BThSt 54), Neukirchen-Vluyn 2003, 127–147.

Ders., Die Josefsgeschichte (Genesis / 1.Mose 37–60). Mit einem Anhang über die Geschichte der Tamar (38,1–30) und die Stammessprüche (49,1–28), Neukirchen-Vluyn 2003.

Bos, J.W.H., Out of the Shadows. Genesis 38; Judges 4:17–22; Ruth 3, Semeia 42 (1988), 37–67.

Bürgin, H.-Mayer, H.-O., Thomas Mann. Eine Chronik seines Lebens (FiTaBu 1470), Frankfurt / Main 1974 (^{2}1980).

Carlebach, H.N., „Thamar" bei Thomas Mann und im jüdischen Schrifttum, Monatshefte für deutschen Unterricht, Deutsche Sprache und Literatur 39 (1947), 237–247.

Cassuto, U., The Story of Tamar and Judah, in: *Ders.*, Biblical und Oriental Studies I, Jerusalem 1973, 29–40.

Clifford, R.J., Genesis 38: Its Contribution to the Jacob-Story, CBQ 66 (2004), 519–532.

de Hoop, R., Genesis 49 in its Literary and Historical Context (OTS 29), Leiden 1999.

Delitzsch, F., Neuer Commentar über die Genesis, Leipzig 1887.

Deuser, H., Mythus und Kritik. Theologische Aufklärung und Kritik. Theologische Aufklärung in Thomas Manns Josephsroman, in: *H. Schmid* (Hg.), Mythos und Rationalität, Gütersloh 1988, 288–309.

Dierks, M., Studien zu Mythos und Psychologie bei Thomas Mann. An seinem Nachlaß orientierte Untersuchungen zum „Tod in Venedig", zum „Zauberberg" und zur „Joseph"-Tetralogie (Thomas-Mann-Studien II), Bern-München 1972.

Dietrich, W., Die Josephserzählung als Novelle und Geschichtsschreibung. Zugleich ein Beitrag zur Pentateuchfrage (BThSt 14), Neukirchen-Vluyn 1989.

Drave, E., Strukturen jüdischer Bibelauslegung in Thomas Manns Roman „Joseph und seine Brüder", in: *J. Ebach-R. Faber* (Hg.), Bibel und Literatur, München 1995, 195–213.

Ebach, J., Genesis 37–50 (HThK.AT), Freiburg / Brsg.-Basel-Wien 2007.

Ehrlich, A.B., Randglossen zur hebräischen Bibel. Textkritisches, Sprachliches und Sachliches. I. Genesis und Exodus, Leipzig 1908 (ND Hildesheim 1968).

Emerton, J.A., Some problems in Genesis XXXVIII, VT 25 (1975), 338–361.

Ders., Judah and Tamar, VT 29 (1979), 403–415.

Fischer, B.-J., Handbuch zu Thomas Manns ‚Josephsromanen', Tübingen-Basel 2002.

Fischer, G., Die Josefsgeschichte als Modell für Versöhnung, in: *A. Wenin* (Hg.), Studies in the Book of Genesis. Literature, Redaction and History (BEThL 155), Leuven 2001, 243–271.

Fischer, I., Rut, (HThK.AT), Freiburg / Brsg.-Basel-Wien 2001.

Fokkelman, J.P., Genesis 37 and 38 at the Interface of Structural Analysis and Hermeneutics, in: *L.J. De Regt-J. De Ward-J.P. Fokkelman* (Hg.), Literary Structure and Rhetorical Strategies in Hebrew Bible, Assen 1996, 152–187.

Frevel, Ch., Aschera und der Ausschließlichkeitsanspruch YHWHs. Beiträge zu literarischen, religionsgeschichtlichen und ikonographischen Aspekten der Ascheradiskussion (BBB 94/1 und 2), Weinheim 1995.

Galvan, E., Zur Bachofen-Rezeption in Thomas Manns „Joseph“-Roman (TMS 12), Frankfurt / Main 1996.

Golka, F.W., Die biblische Josefsgeschichte und Thomas Manns Roman (Oldenburger Universitätsreden 45), Oldenburg 1991 = *Ders.*, Die Flecken des Leoparden: biblische und afrikanische Weisheit im Sprichwort (AzTh 78), Stuttgart 1994, 153–165.

Ders., Jakob – Biblische Gestalt und literarische Figur. Thomas Manns Beitrag zur Bibelexegese (AzTh 91), Stuttgart 1999 (^{2}2002).

Ders., Joseph – Biblische Gestalt und literarische Figur. Thomas Manns Beitrag zur Bibelexegese, Stuttgart 2002.

Ders., Thomas Mann, Gerhard von Rad und die neuere Bibelexegese, in: *Ders.*, Joseph, 11–18.

Ders., Juda und Tamar und der Jakobsegen – Gen 38 und 49 in der so genannten Josephsgeschichte, in: *Ders.*, Joseph, 19–26.

Görg, M., Das Ägypten des Alten Testaments bei Thomas Mann, BN 66 (1993), 59–82 = Thomas Mann Jahrbuch 6 (1994), 159–180.

Grimm, A., Joseph und Echnaton. Thomas Mann und Ägypten, Mainz 1992.

Hamburger, K., Thomas Manns biblisches Werk. Der Joseph-Roman. Die Moses-Erzählung »Das Gesetz«, München 1981.

Heftrich, E., Joseph und seine Brüder, in: *H.*, *Koopmann*, Thomas-Mann-Handbuch, Stuttgart 1990, 447–474.

Heftrich, E., Geträumte Taten. „Joseph und seine Brüder“. Über Thomas Mann. Band III (Das Abendland NF 21), Frankfurt / Main 1993.

Heine, G.-Schommer, P., Thomas Mann Chronik, Frankfurt / Main 2004.

Henze, E., Die Rolle des fiktiven Erzählers bei Thomas Mann, Neue Rundschau 76 (1965), 189–201.

Hohmeyer, J., Thomas Manns Roman „Joseph und seine Brüder“. Studien zu einer gemischten Erzählsituation (MBG 2), Marburg 1965.

Horovitz, J., Die Josephserzählung, Frankfurt / Main 1921.

Huddlestun, J.R., Divestiture, Deception, and Demotion: The Garment Motif in Genesis 37–39, JSOT 98 (2002), 47–62.

Hülshörster, C., Thomas Mann und Oskar Goldbergs „Wirklichkeit der Hebräer“ (TMS 21), Frankfurt / Main 1999.

Jacob, B., Das erste Buch der Tora. Genesis, Berlin 1934 = ND Stuttgart 2000.

Jäger, Ch., Humanisierung des Mythos – Vergegenwärtigung der Tradition. Theologisch-hermeneutische Aspekte in den Josephsromanen von Thomas Mann, Stuttgart 1992.

Jeremias, A., Das Alte Testament im Lichte des Alten Orients, Leipzig ^{3}1916 (^{4}1930).

Kantzenbach, F.W., Theologische Denkstrukturen bei Thomas Mann, NZSTh 9 (1967), 201–217.

Klein, R.A., Leseprozeß als Bedeutungswandel. Eine rezeptionsästhetisch orientierte Erzähltextanalyse der Jakobserzählungen im Buch Genesis (ABG 11), Leipzig 2002.

Koch, K., Art. *ṣdq*. gemeinschaftstreu/heilvoll, THAT II (^{2}1979) 507–530.

Krüger, Th., Genesis 38 – Ein „Lehrstück“ alttestamentlicher Ethik, in: *R. Bartelmus-Th. Krüger-H. Utzschneider*, (Hg.), Konsequente Traditionsgeschichte. FS H. Baltzer (OBO 128), Freiburg / Schweiz-Göttingen 1994, 205–226 = *Ders.*, Kritische Weisheit. Studien zur weisheitlichen Traditionskritik im Alten Testament, Zürich 1997, 1–22.

Kurzke, H., Mondwanderungen. Wegweiser durch Thomas Manns Joseph-Romane (fitabu 11806), Frankfurt / Main 1993.

Ders., Thomas Mann. Das Leben als Kunstwerk, München 1999.

Lehnert, H., Thomas Manns Vorstudien zur Josephstetralogie, Jahrbuch der Deutschen Schillergesellschaft 7 (1963), 458–520.

Ders., Thomas Manns Josephstudien 1927–1939, Jahrbuch der Deutschen Schillergesellschaft 10 (1966), 378–406.

Makoschey, K., Quellenkritische Untersuchungen zum Spätwerk Thomas Manns. „Joseph, der Ernährer“, „Das Gesetz“, „Der Erwählte“ (TMS 17), Frankfurt / Main 1998.

Mann, Th., Joseph und seine Brüder I. Die Geschichten Jaakobs. Roman. Nachwort von *A. von Schirnding* (FGWE), Frankfurt / Main 1983.

Ders., Joseph und seine Brüder II. Der junge Joseph. Roman. Nachwort von *A. von Schirnding* (FGWE), Frankfurt / Main 1983.

Ders., Joseph und seine Brüder III. Joseph in Ägypten. Roman. Nachwort von *A. von Schirnding* (FGWE), Frankfurt / Main 1983.

Ders., Joseph und seine Brüder IV. Joseph, der Ernährer. Roman. Nachwort von *A. von Schirnding* (FGWE), Frankfurt / Main 1983.

Ders., Rede und Antwort. Über eigene Werke, Huldigungen und Kränze: Über Freunde, Weggefährten und Zeitgenossen. Nachwort von *H. Koopmann* (FGWE), Frankfurt / Main 1984.

Ders., Ein Wort zuvor. Mein ‚Joseph und seine Brüder' [1928], in: *Ders.*, Rede und Antwort, 98–101.

Ders., Joseph und seine Brüder. Ein Vortrag [1942], in: *Ders.*, Rede und Antwort, 102–117.

Ders., Sechzehn Jahre. Zur amerikanischen Ausgabe von ‚Joseph und seine Brüder' in einem Bande [1948], in: *Ders.*, Rede und Antwort, 117–129.

Ders., Über mich selbst. Autobiographische Schriften. Nachwort von *M. Gregor-Delin* (FGWE), Frankfurt / Main 1983.

Ders., Doktor Faustus. Kommentar von *R. Wimmer-St. Stachorski* (GkFA 10.2), Frankfurt / Main 2007.

Maync, H.-Singer, S., Sprache und Dichtung. Thomas Manns epische Charakterisierungskunst (Forschungen zur Sprache und Literaturwissenschaft 47), Lichtenstein 1970.

Menn, E.M., Judah and Tamar (Genesis 38) in Ancient Jewish Exegesis. Studies in Literary Form and Hermeneutics (JSJ.S 51), Leiden-New York-Köln 1997.

Mieth, D., Epik und Ethik. Eine theologisch-ethische Interpretation der Josephsromane Thomas Manns (Studien zur deutschen Literatur 47), Tübingen 1976.

O'Callaghan, M., The Structure and Meaning of Gen 38 – Judah and Tamar, Proceedings of the Irish Biblical Association 5 (1981), 72–88.

Ohler, A., Tamar tritt ein für Recht und Leben, in: *Dies.*, Frauengestalten der Bibel, Würzburg 1983, 44–76.

Pütz, P., Verwirklichung durch „lebendige Ungenauigkeit". *Joseph* von den Quellen zum Roman, in: *E. Heftrich-H. Koopmann* (Hg.), Thomas Mann und seine Quellen. FS H. Wysling, Frankfurt / Main 1991, 173–189.

Reents, E., Thomas Mann, München 2001.

Runge, D., Frauen im Josephsroman, in: Thomas Mann Jahrbuch 6 (1994), 223–233.

Dies., Welch ein Weib! Mädchen- und Frauengestalten bei Thomas Mann, Stuttgart 1998.

Salm, E., Juda und Tamar. Eine exegetische Studie zu Gen 38 (fzb 76), Würzburg 1996.

Sauer, P.L., Gottesvernunft. Mensch und Geschichte im Blick auf Thomas Manns »Joseph und seine Brüder«, Frankfurt / Main u.a. 1996.

Schäfer-Bossert, St., Sex and Crime in Genesis 38. Eine exegetische Auseinandersetzung mit der „Schuld der Tamar", in: *R. Kessler-K. Ulrich-M. Schwantes-G. Stansell* (Hg.), „Ihr Völker alle, klatscht in die Hände!". FS E.S. Gerstenberger, Münster 1997, 69–94.

Schäfer-Lichtenberger, Ch., JHWH, Hosea und die drei Frauen im Hoseabuch, EvTh 55 (1995), 114–140.

Schmidt, L., Literarische Studien zur Josephsgeschichte (BZAW 167), Berlin-New York 1986, 121–297.

Schmitt, H.-Ch., Die nachpriesterliche Josephsgeschichte. Ein Beitrag zur neuesten Pentateuchkritik (BZAW 154), Berlin-New York 1980.

Ders., Die Josephsgeschichte und das Deuteronomistische Geschichtswerk Gen 38 und 48–50, in: *M. Vervenne-J. Lust* (Hg.), Deuteronomy and Deuteronomic Literature. FS C.H.W. Brekelmans (BEThL 133), Leuven 1997, 391–405 = *Ders.*, Theologie in Prophetie und Pentateuch. Gesammelte Schriften (BZAW 310), Berlin-New York 2001, 295–308.

Ders., Eschatologische Stammesgeschichte im Pentateuch. Zum Judaspruch von Gen 49,8–12, in: *B. Kollmann-W. Reinbold-A. Steudel* (Hg.), Antikes Judentum und Frühes Christentum. FS H. Stegemann, Berlin-New York 1999, 1–11 = *Ders.*, Theologie in Prophetie und Pentateuch, 189–199.

Schröter, K., Resultate des Exils. Vom „Zauberberg" zu „Joseph, der Ernährer", Akzente 22 (1975), 367–382.

Schüngel-Straumann, H., Tamar. Eine Frau schafft sich ihr Recht, BiKi 39 (1984), 148–157 = *Dies.*, Anfänge feministischer Exegese. Gesammelte Beiträge (Exegese in unserer Zeit), Münster 2002, 23–36.

Seebass, H., Genesis III. Josephgeschichte (37,1–50,26), Neukirchen-Vluyn 2000.

Soggin, J.A., Judah and Tamar (Genesis 38), in: *H.A. McKay-D.J.A. Clines* (Hg.), Of Prophet's Visions and the Wisdom of Sages. FS R.N. Whybray (JSOT.S 192), Sheffield 1993, 281–287.

Ders., Das Buch Genesis. Kommentar, Darmstadt 1997.

Spininger, D.J., The „Thamar" Section of Mann's „Joseph und seine Brüder": A Formal Analysis, Monatshefte für deutschen Unterricht, deutsche Sprache und Literatur 61 (1969), 157–172.

Vaget, H.R. (Hg.), Thomas Mann-Agnes E. Meyer, Briefwechsel 1937–1955, Frankfurt / Main 1992.

van Dijk-Hemmes, F., Tamar and the Limits of Patriarchy. Between Rape and Seduction (2 Sam 13 and Genesis 38), in: *M. Bal* (Hg.), Anti-Covenant. Countes-Reading Women's Lives in the Hebrew

Bible (JSOT.S 81 = Bible and Literature. Series 22), Sheffield 1989, 135–156 = *M. Bal-F. van Dijk-Hemmes-G. van Ginneken*, Und Tamar lachte... Patriarchat und Widerstand in biblischen Geschichten, Münster 1988, 51–74.

van Wolde, E., Texts in Dialogue with Texts: Intertextuality in Ruth and Tamar Narratives, BI 5 (1997), 1–28.

von Rad, G., Biblische Josephserzählung und Josephsroman, Neue Rundschau 76 (1965), 546–559 = *Ders.*, Gottes Wirken in Israel. Vorträge zum Alten Testament. Hrsg. von *O.H. Steck*, Neukirchen-Vluyn 1974, 285–304.

Ders., Das erste Buch Mose. Genesis (ATD 2/4), Göttingen [12]1987.

Wacker, M.-Th., Figuration des Weiblichen im Hosea-Buch (HBS 8), Freiburg / Brsg. 1996.

Weimar, P., Art. Genesisbuch, NBL I (1991), 783–790.

Ders., „Fürchte dich nicht, nach Ägypten hinabzuziehen!" (Gen 46,3). Funktion und Bedeutung von Gen 46,1–7 im Rahmen der Josefsgeschichte, BN 119/120 (2003), 164–205 = *Ders.*, Studien zur Josefsgeschichte (SBAB 44), Stuttgart 2008, 163–220.

Ders., Spuren der verborgenen Gegenwart Gottes in der Geschichte. Anmerkungen zu einer späten Redaktion der Josefsgeschichte, in: *M.Fassnacht-A.Leinhäupl-Wilke-St.Lücking* (Hg.), Die Weisheit – Ursprünge und Rezeption. FS K. Löning (NTA 44), Münster 2003, 17–36 = *Ders.*, Studien zur Josefsgeschichte (SBAB 44), Stuttgart 2008, 297–315.

Ders., Bewegende Rede. Komposition und Theologie der Rede Judas in Gen 44,18–34, in: *F.-L.Hossfeld-L.Schwienhorst-Schönberger* (Hg.), Das Manna fällt auch heute noch. Beiträge zur Geschichte und Theologie des Alten, Ersten Testaments. FS E. Zenger (HBS 44), Freiburg / Brsg. u.a. 2004, 638–659 = *Ders.*, Studien zur Josefsgeschichte (SBAB 44), Stuttgart 2008, 125–144.

Ders., Die Josefsgeschichte als theologische Komposition. Zu Aufbau und Struktur von Gen 37, BZ NF 48 (2004), 179–212 = *Ders.*, Studien zur Josefsgeschichte (SBAB 44), Stuttgart 2008, 27–60.

Ders., Erwägungen zur Entstehungsgeschichte von Gen 37, ZAW 118 (2006), 327–353.

Ders., Gen 37 – Eine vielschichtige literarische Komposition, ZAW 118 (2006), 485–512.

Ders., „Und er nannte seinen Namen Perez" (Gen 38,29). Erwägungen zu Komposition und literarischer Gestalt von Gen 38. Teil 1, BZ NF 51 (2007), 193–215 und Teil 2, BZ NF 52 (2008), 1–18.

Ders., „Jahwe aber war mit Josef" (Gen 39,2). Eine Geschichte von programmatischer Bedeutung, in: *Ders.*, Studien zur Josefsgeschichte (SBAB 44), Stuttgart 2008, 61–124.

Ders., Gen 38 – Eine Einschaltung in die Josefsgeschichte, BN (erscheint 2008).

Wellhausen, J., Die Composition des Hexateuchs und der historischen Bücher des Alten Testaments, Berlin [4]1963.

Westermann, C., Genesis III. Genesis 37–50 (BK I/3), Neukirchen-Vluyn 1982.

Willi-Plein, I., Historiographische Aspekte der Josefsgeschichte, Henoch 1 (1979), 305–331 = *Dies.*, Sprache als Schlüssel. Gesammelte Aufsätze zum Alten Testament (hg. von *M. Pietsch* und *T. Präckel*), Neukirchen-Vluyn 2002, 60–78.

Wisskirchen, Th., Thomas Manns Romanwerk in der europäischen Literaturkritik, in: *H. Koopmann* (Hg.), Thomas-Mann-Handbuch, Stuttgart 1990, 875–924.

Ders., Sechzehn Jahre. Zur europäischen Rezeption der Roman-Tetralogie „Joseph und seine Brüder", in: *Ders.*, „Die Beleuchtung, die auf mich fällt, hat … oft gewechselt." Neue Studien zum Werk Thomas Manns, Würzburg 1991, 85–145.

Wysling, H., Die Technik der Montage. Zu Thomas Manns „Erwähltem", Euphorion 57 (1963), 156–199 = *H. Koopmann* (Hg.), Thomas Mann (WdF 335), Darmstadt 1975, 257–319.

Ders., unter Mitwirkung von *M. Fischer*, Thomas Mann. Teil II: 1918–194 (Dichter über ihre Dichtungen 14/II), München-Frankfurt / Main 1979, 249 = Teilnachdruck: Thomas Mann, Selbstkommentare: „Joseph und seine Brüder" (FiTaBu 6896), Frankfurt / Main 1999.

Ders.-Schmidlin, Y. (Hg.), Thomas Mann. Ein Leben in Bildern, Zürich [2]1994.

Zenger, E., Das Buch Rut (ZBK.AT 8), Zürich [2]1992.

Stellenregister

(in Auswahl und unter Berücksichtigung des Inhaltsverzeichnisses)